Immobilien Investieren

Investition in Mietobjekte für Passives
Einkommen und Finanzielle Freiheit:
Erfolgreiche Deals Finden und
Finanzieren, Stressfreie
Immobilienverwaltung sowie Wohlstand
und Erfolg Aufbauen

Von Alexander S.

1. Auflage. Dezember 2023.

ISBN: 9798872582588

DANKSAGUNGEN

Ich bin zurück mit dem zweiten Teil dieser Anlagebuchreihe. Vielen Dank für die gute Aufnahme des ersten Teils und für die Motivation, die ich brauchte, um diesen zweiten Teil zu schreiben. In diesen Ratgebern möchte ich Ihnen zeigen, wie meine Familie und ich finanzielle Freiheit erlangt haben und wie Sie dies auch erreichen können.

Es ist über 20 Jahre her, seit ich mich für Investitionen interessiert habe. Mein Dank gilt allen Menschen, die irgendwann um Hilfe gebeten haben, denn dank Ihnen war es möglich, das Wissen zu sammeln, das in diesem Buch steckt und das ich nun mit allen teilen kann und möchte, die es nützlich finden könnten.

Der Prozess, dieses Buch zu schreiben, war eine aufregende Reise, und ich hoffe, dass dies auch für Sie der Fall sein wird. Gewidmet meiner Familie und allen Menschen, die mich ermutigt haben, diesen zweiten Teil zu schreiben.

INHALTSVERZEICHNIS

EINFÜHRUNG

Ich bin zurück mit dem zweiten Teil dieser Reihe von Anlageratgebern, in dem ich Ihnen zeigen möchte, wie meine Familie und ich es geschafft haben, unsere finanzielle Freiheit zu erlangen, und wie Sie diese auch erreichen werden. Wenn Sie den ersten Teil „Finanzielle Freiheit: Investitionsleitfaden, um mit Indexfonds, ETFs und Immobilien Schritt für Schritt reich zu werden" noch nicht gelesen haben, empfehle ich Ihnen, dies zu tun, denn alle Geheimnisse, die ich Ihnen hier zeige, sind ergänzend zu anderen Anlagemethoden.

Willkommen auf einer faszinierenden Reise in die Welt des Investierens, bei der es nicht nur darum geht, Ersparnisse anzusammeln, sondern auch intelligent und langfristig zu investieren. Mit diesem Buch möchte ich Sie dabei unterstützen, einen Plan zu entwickeln, der Sie zu finanzieller Unabhängigkeit führt und Sie von der ausschließlichen Abhängigkeit von Ihrem Job zur Deckung Ihrer Ausgaben befreit. Auf diesem Weg gibt es keine Abkürzungen, sondern nur die Gewissheit eines langsamen, aber sicheren Fortschritts.

Ich werde Sie in den Kern des Finanzmanagements einführen, die Lehren teilen, die ich im Laufe meines Lebens aus meinen Fehlern gezogen habe, und Sie einladen, dieses Wissen gemeinsam mit mir in die Praxis umzusetzen.

Dieses Buch richtet sich an alle, die die Welt der Investitionen und insbesondere die für jedermann zugängliche Immobilieninvestitionsmethode praktisch verstehen möchten. Es gibt keine Altersgrenze, um diese Lehren zu entdecken; Jeder Mensch kann aus diesem Buch seine eigenen Lehren ziehen.

Ich habe Ihnen bereits gesagt, dass wir eine gemeinsame Familie sind und dass wir unseren persönlichen Finanzen die gebührende Bedeutung beigemessen haben. Wir haben unsere Ersparnisse Jahr für Jahr investiert und auf diese Weise unsere finanzielle Freiheit erlangt und alle unsere Ziele erreicht. Jeder Mensch muss seine eigenen Ziele definieren, die als Motivator dienen, in Momenten der Schwäche nicht aufzugeben.

Finanzielle Freiheit ist nicht in vier Tagen zu erreichen, das ist unmöglich. Seit ich im Alter von 24 Jahren meine ersten Aktien kaufte und mit 28 meine erste Immobilieninvestition tätigte, habe ich verschiedene Methoden ausprobiert und den einzig gangbaren Ansatz entdeckt: Lesen, Studieren und Wissen anwenden. Ich habe mit Hingabe, Mühe und Ausdauer aus meinen Fehlern gelernt.

Dieses Buch ist eine Einladung zu einer spannenden Reise voller Wissen und Möglichkeiten, auf der ich Ihnen beibringen werde, wie Sie sicher und langfristig in Immobilien investieren.

Wir sind zu viert zu Hause. Unsere Töchter studieren derzeit an der Universität, wir arbeiten weiterhin hart, weil es uns gefällt, es uns bereichert und uns persönlich und beruflich wachsen lässt. Wir verfügen über verschiedene Arten von Vermögenswerten: variable Erträge, festverzinsliche Vermögenswerte und Immobilieninvestitionen in Wohnimmobilien. Ungefähr die Hälfte unseres Vermögens besteht aus Immobilieninvestitionen und die andere Hälfte aus Börsenvermögen.

Ein Aspekt, den wir an Immobilieninvestitionen am meisten schätzen, ist, dass sie uns wiederkehrende Einnahmen verschaffen, die wir reinvestieren können. Dadurch haben wir die Möglichkeit, neue Chancen zu schaffen, vor allem abhängig von unserer Fähigkeit, sie zu erkennen und umzusetzen.

Es ist unmöglich, in vier Tagen ein Experte für Immobilieninvestitionen zu werden. Allerdings können Sie dieses Buch in vier Tagen oder weniger lesen. Bücher verändern Gedanken und basierend auf unseren Gedanken handeln wir. Mein Name ist Alexander und Wissen, Methode und Ausdauer sind die Zutaten, die Sie brauchen.

Lasst uns beginnen! …

KAPITEL 1 – VON PASSIVEM EINKOMMEN LEBEN: DIE STRATEGIEN UND HERAUSFORDERUNGEN VON IMMOBILIENINVESTITIONEN ENTSCHLÜSSELN

Wir gehen zunächst auf einige der Fragen ein, die sich viele stellen, bevor sie in Immobilien investieren:

Wie viele Wohnungen soll ich zur Miete haben? In welche Art von Häusern sollte ich investieren, um den Prozess zu beschleunigen? Wie lange muss ich meine Investition zurückerhalten? Welche notwendigen oder unnötigen Risiken gehe ich ein?

Investieren Sie in Immobilien und leben Sie von einem passiven Einkommen. Eine perfekte Überschrift.

Kurz, kraftvoll und mit spektakulärer Wirkung für das Publikum. Außerdem ist es erreichbar. Es ist sicherlich. Doch unter der Schlagzeile, die die Spitze des Eisbergs darstellt, liegt ein riesiges Stück Eis. Sehen:

Zwischen Garagen und Häusern haben wir zum Zeitpunkt, als ich diese Worte schreibe, fünfzehn Immobilien. Alle Objekte sind in unserem Fall langfristig vermietet.

Es war 2003. Ich kaufte ein Haus für 200.000 Dollar und verkaufte es 2006, kurz vor der Krise, für 300.000 Dollar. 100.000 US-Dollar

Bruttogewinn in drei Jahren. Für den Anfang nicht schlecht. Aber es stellte sich heraus, dass es reines Glück war. Kaufen Sie zufällig in einem steigenden Markt und verkaufen Sie zufällig in einem kritischen Moment.

Von 2009 bis 2014 ist bei mir jedoch das Gegenteil eingetreten, da die von mir beschriebene Methode nur funktioniert, wenn die Immobilienpreise jährlich um 15 % steigen. Und das passiert normalerweise nicht.

Wenn wir Ausgabe mit verwechseln Eingäbe, wir könnten Probleme haben. Die Ausgabe ist das Ergebnis. Und es kann aufgrund guten Inputs (gute Vorarbeit) oder aufgrund eines Zufalls gut sein. Und seien Sie vorsichtig, denn trotz gutem Input kann es auch schlecht sein.

Basierend auf fast zwanzig Jahren Erfahrung als Immobilieninvestor werde ich nun meine Sicht auf das Leben mit Einkünften aus vermieteten Immobilien darlegen.

Wie viele Wohnungen soll ich zur Miete haben? Berechnungen, um mit Immobilieninvestitionen vom Einkommen zu leben.

Zu Beginn legen wir fest, wie viel Geld Sie benötigen, um von Ihrem Einkommen zu leben. Es liegt auf der Hand, dass es vom Einzelfall abhängt. Stellen Sie sich ein durchschnittliches Jahresgehalt von 36.000 US-Dollar netto vor. Setzen wir uns also das Ziel, 3.000 US-Dollar im Monat zu verdienen. Ich sage nicht, dass es das ist, was Sie brauchen. Es handelt sich lediglich um ein Beispiel für die Berechnung.

Die nächste Frage wäre: Wie viele Wohnungen müssen Sie mieten, um netto 3.000 US-Dollar pro Monat zu verdienen? Vergessen Sie die Höhe der Mieteinnahmen. Was hier wirklich zählt, ist, was Sie jeden Monat in Ihrer Tasche haben.

Wenn Sie 6.000 US-Dollar pro Monat an Miete verdienen, Ihre Ausgaben für diese Mieten jedoch 6.500 US-Dollar pro Monat betragen, können Sie sich vorstellen, dass Sie mit jedem Tag mehr Geld benötigen, um Ihre Investitionen aufrechtzuerhalten.

Hier suchen wir das Gegenteil. Unser Ziel ist es, 3.000 US-Dollar pro Monat zu erwirtschaften, was der Differenz zwischen dem monatlichen Einkommen und allen monatlichen Kosten (einschließlich Steuern) entspricht.

Daher werden wir versuchen herauszufinden, wie viele Stockwerke wir benötigen. Bei Immobilieninvestitionen gibt es eine Realität: Je günstiger das Haus, das wir kaufen, desto rentabler (prozentual) ist es tendenziell.

Welcher Mietpreis ist immer sehr gefragt?

Stellen wir uns ein Paar vor, bei dem beide ein monatliches Nettogehalt von 6.000 US-Dollar verdienen. Dies bedeutet, dass sie in ihrem Fall ohne große Probleme etwa 1.800 US-Dollar pro Monat (30 %) für die Miete aufwenden könnten.

Da sie ein Paar sind, das viel über ihre Zukunft nachdenkt, suchen sie lieber ein Haus für etwa 1.400 US-Dollar im Monat. Auf diese Weise können sie ihre Ersparnisse und Investitionen weiter steigern. Schließlich wollen sie nur wenige Jahre zur Miete leben. Dann wollen sie ein Eigenheim kaufen. Und wer weiß? Vielleicht vergrößern Sie sogar Ihre Familie. Denken wir also an Mieten von 1.400 US-Dollar pro Monat.

Kommen wir zur nächsten Frage:

Wie viel kosten Häuser, die für 1.400 $ im Monat vermietet werden?

Das ist eine kritische Frage. Die Realität ist, dass die Preisstreuung sehr groß ist. Und das ist das Schöne am Immobiliengeschäft. Es ist sehr einfach, Wohnungen zu kaufen, die 340.000 US-Dollar oder mehr kosten und für die man kaum 1.400 US-Dollar im Monat mieten kann. Auf die gleiche Weise können Sie auch Häuser finden (obwohl Sie viel härter arbeiten müssen), in die Sie nur 175.000 US-Dollar zuzüglich der entsprechenden Steuern investieren und außerdem 1.400 US-Dollar pro Monat mieten.

Die zweiten sind älter. Sie erfordern mehr Wartung. Sie sind in schlechteren Gegenden. Sie verfügen in der Regel nicht über einen Aufzug und erfordern manchmal eine mehr oder weniger wichtige Renovierung. In großen Hauptstädten ist es sehr schwierig, Häuser für „nur 175.000 US-Dollar" zu finden. Wenn Sie sich jedoch von ihnen entfernen oder in weniger glamourösen Provinzhauptstädten suchen, ist es einfacher, diese Art von Gelegenheit zu finden, wenn Sie mit Methode und Beharrlichkeit suchen.

Das Problem bei diesen sehr rentablen Häusern ist, dass sie riskanter sind. Risiko zukünftiger Leckagen und vor allem ein größeres Risiko für den Mieter (obwohl Sie es erheblich reduzieren können, wenn Sie die Methode anwenden, über die ich Ihnen in den letzten Kapiteln des Buches berichten werde). Die Qualität des Mieters ist nicht so gut. Und deshalb wissen wir, dass die Ausfallwahrscheinlichkeit steigen kann.

Natürlich wollen wir vom Einkommen leben. Aber auch nachts wollen wir mit einer gewissen Ruhe schlafen. Denn durchs Leben zu gehen, ohne gut geschlafen zu haben, ist auch kein guter Plan.

Nehmen wir an, dass wir Anleger sind, die sowohl nach Rentabilität als auch nach guter Schlafqualität streben. Aus diesem Grund erwägen wir Investitionen in Häuser im Wert von 250.000 US-Dollar (weder so günstig wie die von 175.000 US-Dollar noch so teuer wie die von 340.000 US-Dollar), die wir für 1.400 US-Dollar pro Monat mieten können (als Beispiel bei einer meiner letzten Investitionen vor der Corona-Krise). Ich erwarb ein Haus zum Preis von 285.000 US-Dollar und wurde schnell für 1.550 US-Dollar pro Monat vermietet.

Dabei handelt es sich um rentable Investitionen, die bei kluger Mieterauswahl ein moderates bis geringes Risiko bergen können. Es ist ein mögliches Szenario in einem Umkreis von 30 Meilen um praktisch jeden Ort in Ihrem Land oder Ihrer Region. Es ist also möglicherweise etwas, was Sie tun könnten.

Die Zahlen sprechen für sich.

Sie werden sie später in einer Tabelle untersuchen; Glauben Sie mir vorerst und lesen Sie weiter. Eine Möglichkeit, ein Monatsgehalt von 3.000 US-Dollar zu erzielen, besteht darin, in zehn Häuser zu investieren, die jeweils 275.000 US-Dollar kosten. Bedenken Sie!

Und Sie denken: „Zehn Häuser, mit denen Sie NUR 3.000 US-Dollar Gehalt verdienen können!" Gehen Sie nicht, jetzt beginnt die Party der Details. Und es sind immer die Details, die den Unterschied zwischen einem guten und einem durchschnittlichen Investor ausmachen.

Ich füge eine Tabelle bei, in der ich die wichtigsten Berechnungen unserer typischen Investition zusammengefasst habe:

Konzept	Investition 250.000 $
Kaufpreis	256.000 US-Dollar
Monatliche Miete	1.400 $
Monatlicher Cashflow (ca.)	280 $
Monatliche Eigenkapitalerhöhungen aufgrund der Schuldentilgung (ca.)	510 $
Anzahl der Häuser für ein Gehalt von 3.000 $	10 – 11 Häuser (3.000/280)
Ersparnisse wurden für den Wohnungsbau eingezahlt	84.000 $
Gesamtkapital, das zur Erzielung des Monatsgehalts erforderlich ist	840.000 $
Anfangsschulden für den Wohnungsbau	205.000 $
Gesamte Anfangsverschuldung (wenn wir alle Häuser auf einmal gekauft hätten)	2.050.000 $

„Tabelle. Hauptberechnungen „unserer" typischen Investition. "

Wie ich erwartet habe, bringen uns eine rentable Investition (ein

Haus für 250.000 US-Dollar, das für 1.400 US-Dollar gemietet wird) und eine gute Verwaltung fast 280 US-Dollar pro Monat in die Tasche (mehr als 3.300 US-Dollar pro Jahr).

Aber es ist auch klar, dass sich unser Vermögen jedes Jahr zusätzlich um weitere 6.240 US-Dollar erhöht, wenn man sich die vorherige Tabelle ansieht. Das ist der Betrag, um den wir die Schulden reduzieren.

Wenn wir also in den nächsten dreißig Jahren alles richtig machen, wird dieses Haus diesen jährlichen Cashflow generieren (vorausgesetzt, dass sich weder der Zinssatz noch die Mieteinnahmen ändern, was ohnehin schon eine große Annahme ist) und das Haus wird bezahlt sein.

In diesem Moment „werden wir in einer anderen Dimension sein" und die monatlichen Cashflows werden mit drei oder sogar vier multipliziert, da wir keine damit verbundene Hypothek haben.

Aber natürlich sind es dreißig Jahre (oder die von Ihnen gewählte Laufzeit der Hypothek, in der Regel 20, 25 oder 30 Jahre, wobei zu berücksichtigen ist, dass der Cashflow umso geringer, je kürzer die Laufzeit der Hypothek, aber umso höher ist jährlicher Vermögenszuwachs aufgrund der Tilgung der Hypothekenschulden).

Was ist, wenn ich den Prozess beschleunigen möchte? Wir alle sehnen uns nach Geschwindigkeit, aber manchmal kann zu schnelles Fahren zu Unfällen führen. Lassen Sie uns herausfinden, wie Sie etwas schneller werden können.

Der Zaubertisch: Wie kann man durch beschleunigte Investitionen in Mietwohnungen vom Einkommen leben?

Wenn wir also ein Monatsgehalt von 3.000 US-Dollar „verdienen" wollen, müssen wir in zehn Häuser investieren, die denen ähneln, die ich zuvor für 250.000 US-Dollar gekostet habe.

Jetzt werden wir einige Möglichkeiten sehen, wie wir dieses Gehalt durch Investitionen in Häuser schneller erreichen können. Aber lassen Sie sich nicht täuschen, einige Methoden erfordern von Ihrer Seite viel mehr Zeit als eine einfache semi-passive Behandlung und einige erhöhen das Risiko erheblich und gehen mit den damit verbundenen Kopfschmerzen einher.

Nachfolgend zeige ich Ihnen eine vollständige Tabelle, damit Sie alles etwas besser verstehen. Lassen Sie uns die folgende Tabelle genau analysieren, in der Sie die Zahlen und Renditen sehen, je nachdem, ob wir in ein Haus investieren, das uns 175.000 $, 250.000 $ oder 340.000 $ kostet:

Art der Investition	Aggressiv	Standard	Ohne zu verhandelnoder suchen
Kaufpreis	175.000 US-Dollar	256.000 US-Dollar	340.000 US-Dollar
Monatliche Miete	1.400 $	1.400 $	1.400 $
Monatlicher Cashflow (ca.)	460 $	280 $	90 $
Monatliche Eigenkapitalerhöhung	315 $	510 $	*620 $*

en aufgrund der Schuldentilgung (ca.)			
Anzahl der Häuser für ein Gehalt von 3.000 $	6	11	33
Ersparnisse wurden für den Wohnungsbau eingezahlt	59.000 $	84.000 $	108.000 US-Dollar
Gesamtkapital, das zur Erzielung des Monatsgehalts erforderlich ist	354.000 US-Dollar	924.000 US-Dollar	3.564.000 US-Dollar
Anfangsschulden für den Wohnungsbau	140.000 US-Dollar	205.000 $	270.000 US-Dollar
Gesamte Anfangsverschuldung (wenn wir alle Häuser auf einmal gekauft hätten)	840.000 $	2.255.000 $	8.910.000 $
Vermögensrisiko	Hoch	Halb	Niedrig
Schuldenrisiko	Niedrig	Halb	Hoch
Wohnungsliquidität	Niedrig	Halb	hoch

Management	Halbpassiv	Passiv	Passiv
Strategie	Cashflow + Eigenkapital	Cashflow + Eigenkapital	Eigenkapital

"Tisch. Wie kann man vom Einkommen einer Investition in Mietobjekte leben?"

Diese Tabelle bietet viel Gesprächsstoff. Es ist die Tabelle, die Ihnen hoffentlich den Weg zu Ihrer finanziellen Freiheit durch Investitionen in Mietwohnungen verdeutlicht. In wie viele Wohnungen sollte ich investieren, wenn ich mir ein Gehalt erwirtschaften möchte? Du siehst es. Die Tabelle spricht für sich. Ob es sich um fünf, zehn oder dreißig Immobilien handelt, der Unterschied liegt in der Art der Häuser, in die Sie investieren möchten.

Je günstiger die Häuser sind, desto schneller können Sie die glücklichen 3.000 US-Dollar pro Monat für sich erwirtschaften. Aber schauen Sie, wie fast alles im Leben ist es ein zweischneidiges Schwert. Die günstigsten Wohnungen sind am rentabelsten, aber zum Teil auch deshalb, weil mit ihnen ein höheres Risiko verbunden ist (nach Fläche, nach Haustyp, nach Erhaltungszustand...). Viele seufzen, wenn sie diese Zahlen sehen und denken: „Wenn ich, um ein Gehalt wie die Mehrheit zu haben, in fünf, zehn oder dreißig Häuser investieren muss, ist das sehr schwierig, oder?" Und zum Teil ist es das auch. Sie haben Recht, Investitionen in Eigenheime sind nicht jedermanns Sache.

Machen Sie keinen Fehler, es ist kein Problem für reiche Leute. Und das gilt nicht nur für junge Menschen unter dreißig, die noch ihr ganzes Leben vor sich haben. Gar nicht. Ich glaube wirklich nicht, dass es daran liegt. Es gibt Menschen im Alter von 50 bis 60 Jahren, die ihr Haupthaus für 600.000 oder 700.000 Dollar verkauft haben, das sie 30 Jahre lang Monat für Monat bezahlt hatten, und die mehrere Häuser gekauft und in ein oder zwei Jahren (nach einem Leben voller Arbeit und Arbeit) finanzielle Freiheit erlangt haben Bemühung).

Die Investition in Mietwohnungen ist für diejenigen gedacht, die den Kopf heben und langfristig denken können. Diejenigen, die diszipliniert sind und nicht den schnellen Schuss suchen.

Die wahre Magie der Investition in Mietwohnungen.

Sehen Sie, was passiert, wenn Sie Ihren Kopf ein wenig heben. Jeden Monat erwirtschaften Sie mit den drei Anlagearten, die ich Ihnen gezeigt habe, ein Vermögen von über 300 US-Dollar. Bei den Investitionen in die wirtschaftlichsten Wohnungen wird das Eigenkapital hauptsächlich durch den Cashflow generiert. In den teuersten Fällen hingegen generieren Sie es vor allem durch den Schuldenabbau, der automatisch Monat für Monat eintritt, wenn Sie die mit den Investitionen verbundenen Hypotheken abbezahlen.

Wenn Sie in den beiden günstigsten Investitionsfällen (dem mit den Untergrenzen von 175.000 US-Dollar und 250.000 US-Dollar) die Vorteile aus den Cashflows und der Schuldentilgung irgendwann zwischen dem sechsten und zehnten Jahr addieren, haben Sie bereits mehr zurückerhalten als Ihre gesamte Anfangsinvestition. Und natürlich verfügen Sie weiterhin über einen Vermögenswert, der jeden Monat Cashflow und Eigenkapital generiert, sowohl aufgrund seiner Wertsteigerung als auch aufgrund der Verringerung der damit verbundenen Schulden. Darüber hinaus werden Sie feststellen, dass (im Gegensatz zu anderen Anlageformen) ein sehr wichtiger Teil des Ergebnisses von Ihnen abhängt.

Bei Immobilieninvestitionen hängt fast alles von Ihnen ab, Sie sind der CEO Ihrer Investitionen. Bei Immobilieninvestitionen sind Sie der CEO jeder Investition. Das Risiko liegt in Ihrer Fähigkeit, Häuser auszuwählen, vorzubereiten und zu mieten. Deshalb gefällt mir das

Investieren in Immobilien so gut.

Wenn Sie die Dinge gut machen, hängen Ihre Ergebnisse wenig vom Markt und externen Faktoren und viel von Ihrem Management ab. In ein paar Jahren kann der Schneeball immer größer werden, weil auch Ihre Fähigkeiten und Ihr Wissen wachsen.

KAPITEL 2 – INVESTIEREN FÜR EIN BESSERES LEBEN: RENTABILITÄT UND WOHLBEFINDEN IN EINKLANG BRINGEN

In den letzten Jahren haben wir durchschnittlich eine Wohnung pro Jahr erworben und so unser Immobilienvermögen stetig erhöht. Wir haben dies in mäßigem Tempo, im Einklang mit unseren übrigen Aktivitäten und ohne Eile getan. Den Weg gleichzeitig zu lernen und zu genießen und in vielen Momenten stoisch zu handeln, um die verschiedenen Schwierigkeiten zu überwinden, die immer auftreten, wenn man in der Immobilienbranche aufsteigt.

Ich werde nicht nur den schönen und einfachen Teil der Immobilieninvestition hervorheben, denn nicht alles ist wunderbar. Natürlich besteht immer auch ein Risiko, das wir berücksichtigen müssen. In meinem Fall bin ich bereits über vierzig und habe das Glück, von meiner Familie sehr gut begleitet zu werden. Ich halte mich für einen vorsichtigen Menschen und bin ab einem gewissen Punkt nicht mehr bereit, Risiken einzugehen, die unsere Familienfinanzen gefährden. Ich versuche seit Jahren, auf Nummer sicher zu gehen.

Es sind nicht nur Zahlen. Balance zwischen Rentabilität und Wohlbefinden.

In der Welt des Investierens scheint es, dass alles aus Zahlen besteht.

Die Zahlen tauchen überall auf. Und manchmal helfen uns zu viele Zahlen nicht; Sie verwirren uns und lassen uns die ganzheitlichen Auswirkungen (wirtschaftlich, emotional, familiär ...) unserer Investitionen nicht erkennen. Ein Beispiel:

Etwas, das beim Investieren nicht objektiv messbar ist, ist das Leid oder der psychische Stress, den diese bestimmte Investition bei Ihnen verursacht. Es ist einfach deshalb nicht messbar, weil es von jedem Investor abhängt. Jeder Anleger reagiert anders auf die Probleme und die Volatilität, die jede Investition überwinden muss, um bestimmte Früchte zu tragen. Egal wie passiv Ihre Investition ist, unser Verstand ist darauf spezialisiert, Geschichten über ihre Entwicklung zu erschaffen. Wenn die Inflation zu steigen scheint, gehen wir davon aus, dass der Wert unserer Anleihen sinken wird, weil die Zentralbanken die Zinsen erhöhen werden. Wenn ein Mieter in einem unserer Häuser die Zahlung um ein paar Tage verspätet, können Sie schlecht schlafen.

Jede Investition kann für uns als Anleger Leid bringen, wenn wir nicht wissen, wie wir damit umgehen sollen. Aus diesem Grund ist es sehr nützlich, keine übermäßigen Risiken einzugehen und sich auf die Langfristigkeit zu konzentrieren, um alle Entscheidungen, die Immobilieninvestoren regelmäßig treffen müssen, ins rechte Licht zu rücken: Renovierungen, Mieter, Finanzierung...

Aus all diesen Gründen ist dies kein Buch, das den letzten Dollar an Rentabilität anstrebt. Nein. Dies ist ein Buch, das eine gute Balance zwischen Rentabilität und Wohlbefinden anstrebt. Dabei geht es um die Nachhaltigkeit Ihrer Immobilieninvestitionen auch aus emotionaler Sicht.

Wenn Sie leben möchten, um besser investieren zu können, ist dies möglicherweise nicht das richtige Buch für Sie. Wenn Sie investieren möchten, um besser zu leben, wahrscheinlich ja. Lasst uns beginnen!

Sie haben in der Tabelle im vorherigen Kapitel bereits gesehen, dass Sie, wenn Sie mit (relativ) wenig Kapitaleinlage und ein paar Wohnungen (sechs haben wir im Beispiel gesehen) vom Einkommen leben wollen, nach Investitionen in Höhe von rund 175.000 Dollar Ausschau halten sollten Miete für 1.400 Dollar im Monat. Ist das die richtige Strategie für alle? Wahrscheinlich nicht.

Im Allgemeinen höheres Risiko, höhere Rentabilität und im Gegenteil.

Wie bei anderen Arten von Investitionen, wie wir in meinem anderen Buch „Finanzielle Freiheit" erläutern, unterliegen Investitionen dem Dreieck aus Rentabilität, Liquidität und Sicherheit. Um zwei dieser drei Eigenschaften zu erhalten, müssen Sie die verbleibende verlieren.

Passive/aktive Verwaltung: Möchten Sie Ihre Wohnungen eher passiv oder aktiver verwalten?

Wenn Sie bereit sind, aktiver zu wirtschaften, können Sie wahrscheinlich eine höhere Rentabilität erzielen. Sehr kleine Häuser mit hoher Mieterfluktuation, Zimmervermietungen oder Ferienvermietungen sind Beispiele für ein aktiveres Immobilienmanagement, das eine höhere Rentabilität generiert als die Vermietung eines Hauses an ein Rentnerehepaar, in dem es wahrscheinlich bis ans Ende seiner Tage leben wird.

Ist Risiko immer relativ? Reduzieren Sie die verschiedenen bestehenden Unsicherheiten und verringern Sie die Risiken jeder Operation.

Wenn Sie ein Gebiet sehr gut kennen, sinkt das Gebietsrisiko. Wenn Sie ein Heimwerker sind, sinkt das Risiko einer Renovierung. Wenn Sie in einer Bank arbeiten, sinkt das Finanzierungsrisiko. Lassen Sie uns also nicht auf vorgefertigte Formeln zurückgreifen, um das Risiko zu berechnen. Das Risiko hängt hauptsächlich mit der Unsicherheit zusammen, die jede neue Immobilienchance für Sie mit sich bringt.

Je größer die Unsicherheit, desto größer das Risiko, das Sie eingehen. Daher besteht die Aufgabe eines guten Immobilieninvestors darin, die Unsicherheit bei der Entscheidungsfindung zu verringern. Ich hinterlasse Ihnen einige Beispiele:

1. Wenn Sie in einen Block investieren, den Sie nicht kennen, besteht Unsicherheit darüber, wie die Nachbarn und die Gemeinde sein werden. Was sollten Sie tun, um diese Unsicherheit zu verringern?

   Antwort: Fragen Sie alle: Nachbarn, Gemeinde, Immobilienagentur, nahegelegene Bars und sogar die Katzen, die nachts herumlaufen. So reduzieren Sie die Unsicherheit.

2. Wie hoch ist die Miete für einen potenziellen Betrieb? Auch hier herrscht Unsicherheit.

   Antwort: Frage, Frage und Frage. Manchmal können Sie die Unsicherheit stark reduzieren, manchmal nur wenig. Im Laufe meines Lebens habe ich andere Investoren getroffen, die (vor dem Kauf des Hauses) sogar falsche Anzeigen veröffentlicht haben, um die Nachfrage abzuschätzen (in meinem Fall scheint dies nicht die geeignetste zu sein).

3. Und um die Unsicherheit einer bestimmten Reform zu verringern?

   Antwort: Fragen Sie mehrere Arbeitnehmer und Unternehmen und holen Sie Angebote ein. Auf jeden Fall werden Sie bis zu Ihren ersten Renovierungsarbeiten kein Meister darin sein, die Renovierungskosten abzuschätzen.

Aber machen Sie keinen Fehler. Wer mit einer guten Sicherheitsmarge einkauft, hat Spielraum für kleine

Schätzfehler.

4. Liquidität: Was ist, wenn Sie Ihre Häuser in Geld verwandeln müssen?

Antwort: Es gibt viele Arten von Wohnraum. Einige sind viel flüssiger als andere. Und vor allem müssen Sie sich darüber im Klaren sein, dass es Häuser gibt, in die es sehr schwierig ist, die Investition schnell wieder zurück in Geld zu verwandeln, wenn man einmal investiert hat.

Dies geschieht in der Regel, insbesondere bei Häusern mit erheblichen Defiziten. Seien Sie sich dieses Punktes sehr bewusst. Beispiel: Wenn Sie in ein Haus ohne Aufzug investieren, das älter als fünfzig Jahre ist, zahlen Sie viel weniger als in ein ähnliches Haus mit Aufzug und Parkett auf dem Boden. Wenn Sie Ihre Investition jedoch aus irgendeinem Grund verkaufen müssen, kann es im Vergleich zu anderen Häusern viel länger dauern, einen Käufer zu finden. Oder nicht. Man weiß nie. Jeder Fall ist eine Geschichte.

Kurz gesagt: Je besser das Haus, desto höher die Liquidität.

Zehn Jahre voraus: eine Strategie, die selten scheitert.

Investitionen in rentable Häuser (solche mit 175.000 oder 250.000 Dollar, die 1.400 Dollar Miete pro Monat einbringen) mit einer Mietdauer von mehr als zehn Jahren scheitern fast nie. Und wissen Sie warum? In zehn Jahren werden Sie in der Regel mehr als einen Konjunkturzyklus durchleben können. Und in fast jeder vollen Periode erzielen Sie zusätzliche Gewinne durch die Wertsteigerung Ihres Hauses.

Auf jeden Fall in den Beispielen, die wir gegeben haben. In diesem Zeitraum haben Sie bereits Ihre gesamte Anfangsinvestition bezahlt. Und deshalb verfügen Sie über einen Vermögenswert, der jeden Monat Bargeld und Eigenkapital generiert, unabhängig von Schwankungen seines Marktwerts.

Darüber hinaus können Sie in zehn Jahren nach und nach weitere Wohnungen erwerben. Langsam aber sicher. Mit zunehmender Erfahrung lernen Sie, das Risiko jedes einzelnen Vorgangs zu reduzieren und können daher mit viel mehr Sicherheit skalieren.

Und denken Sie daran, dass nach dreißig Jahren (oder zwanzig oder fünfundzwanzig Jahren, abhängig von der Laufzeit Ihrer Hypothek) aus den 3.000 US-Dollar pro Monat mehr als 9.000 US-Dollar pro Monat werden, und zwar ohne Berücksichtigung des Preisanstiegs aufgrund der Inflation. Der Zauber besteht darin, dass die Hypothek weg ist und alle damit verbundenen Kosten (wie die Lebensversicherung) wegfallen. Von 3.000 bis 9.000 Dollar pro Monat. Das würde das Leben vieler verändern.

Darüber hinaus fällt das Ende der Hypothek in der Regel mit Zeiten geringerer Berufstätigkeit zusammen und stellt daher eine Ergänzung zu einer möglichen staatlichen Rente dar.

Ja, Sie gehen gerne spazieren und gehen das Leben in Ihrem eigenen Tempo. Willkommen in der aufregenden Welt der Immobilieninvestitionen.

KAPITEL 3 – BEGINNEN SIE IHREN WEG: SCHLÜSSELKONZEPTE, ANLAGEKATEGORIEN UND BARRIERENMANAGEMENT

Im vorherigen Kapitel haben wir die allgemeine Idee gesehen, wie man vom Einkommen lebt. Die Grundzahlen und insbesondere die Anzahl der benötigten Häuser hängen von der Art der Rentabilität ab, die wir in jedem Haus suchen, um ein bestimmtes monatliches Einkommen erzielen zu können.

Wir werden uns jetzt nicht auf die Schlüsselelemente konzentrieren. Welcher Bodentyp ist der richtige für Sie? Inwieweit ist es gesund, sich zu verschulden? Mit welcher Mentalität kann man den Ängsten begegnen, die beim ersten Kauf ganz natürlich auftauchen?

Im Folgenden zeige ich Ihnen das Wichtigste, was Sie wissen sollten, bevor Sie Ihr erstes Eigenheim als Kapitalanlage kaufen. Das erste Mal ist immer die größte Herausforderung, insbesondere aus emotionaler Sicht. Aus diesem Grund habe ich mich mit den drei wichtigsten Faktoren befasst, die Sie vor Ihrer ersten Investition berücksichtigen sollten:

1. Die vier Möglichkeiten, wie Sie Ihr Vermögen durch den Kauf einer Wohnung vermehren.
2. Die drei Arten von Wohnungen, die Sie erwerben können, basieren auf einem mentalen Modell, das ich erstellt habe und das sich aus dem vorherigen Kapitel ergibt, mit all seinen Vor- und Nachteilen, um diejenige zu finden, die am besten

zu Ihrer persönlichen Situation oder Ihren Zielen passt.

3. Die Ängste, die ganz natürlich in Ihnen aufkommen, und wie Sie sie überwinden können.

Welche Rentabilität kann ich erzielen, wenn ich in eine Mietwohnung investiere?

Die Antwort liegt typischerweise bei 3–10 % (ohne Berücksichtigung der zusätzlichen Erträge, die Sie durch die Hebelwirkung erzielen). Sie sollten jedoch wissen, dass die Rentabilität, die Sie erzielen, im Wesentlichen von der Art des Hauses abhängt, in das Sie investieren. Daher kann die Erstellung eines mentalen Modells mit einer Klassifizierung von Wohnungen auf der Grundlage ihrer Rentabilität hilfreich sein.

Die vier Möglichkeiten, wie Sie Ihr Vermögen durch Investitionen in Mietwohnungen steigern.

Bevor Sie Ihr erstes Eigenheim als Kapitalanlage kaufen und vermieten, müssen Sie die vier Formeln, mit denen eine Immobilieninvestition Ihr Vermögen steigert, gut verstehen:

1. **Wertschätzung des Zuhauses.** Haben Ihre Eltern ein Haus, das das Zehnfache dessen wert ist, was es sie vor vierzig Jahren gekostet hat? Wie oft haben wir diesen Satz gehört? Dieser Effekt wird Inflation genannt.

   Inflation ist für einen Staat die günstigste Möglichkeit, den Wert seiner Schulden zu reduzieren. Staaten sind verschuldet und daher am meisten daran interessiert, dass der Wert ihrer Schulden sinkt. Diese Tatsache führt zu einer Inflation in der Wirtschaft, die den Geldwert der Vermögenswerte erhöht.

   Viele Spekulanten investierten in der alleinigen Erwartung, dass die Immobilienwerte aufgrund kurzfristiger Gewinne schnell steigen würden, was von 2003 bis 2007 eine gängige Strategie war. Das Endergebnis war der Ruin vieler von ihnen.

<u>Die Wertschätzung der Immobilie sollte ein zusätzlicher Preis sein</u> auf die Investition, die Sie in Immobilien tätigen. Es sollte nicht der Hauptgrund sein, der Ihre Investition unterstützt.

2. **Cashflow.** Der Cashflow ist die Differenz zwischen dem Geld, das zur Bezahlung Ihrer Investition ausgegeben wird, und dem Geld, das einfließt. Wenn die Differenz positiv ist, hat Ihre Investition einen positiven Cashflow und führt daher dazu, dass Ihre Taschen mit der Zeit größer werden.

   Wenn Sie jeden Monat oder jedes Jahr regelmäßig Geld aus Ihrer Tasche stecken, um die Investition aufrechtzuerhalten, führt dies zu einem negativen Cashflow.

   Wie viele Investitionen können Sie mit positivem Cashflow tätigen? Unendlich

   Wie viele Investitionen können Sie mit negativem Cashflow tätigen? Die, die in Ihrer Tasche Platz finden.

   Es besteht keine Notwendigkeit, viel mehr hinzuzufügen. Suchen Sie nach Immobilieninvestitionen mit positiven Cashflows, wenn Sie langfristig und gewinnbringend in Immobilien investieren möchten.

3. **Steuervorteile.** Die Regierungen fast aller Länder der Welt sind daran interessiert, dass das Angebot an Erstwohnungen zur Miete nicht zurückgeht, da dies ein schwer zu bewältigendes soziales Problem (noch größeres als das derzeitige) verursachen würde.

   Daher ist es möglich, dass es in Ihrem Land oder Ihrer Region steuerliche Anreize für Investoren gibt, die die langfristige Vermietung von Hauptwohnsitzen fördern.

4. **Amortisation des Hauses.** Die Mieter des Hauses zahlen uns Miete. Wenn wir eine gute Investition getätigt haben, generiert diese Miete einen positiven Cashflow. Aber darüber hinaus zahlt uns die Miete selbst bei der monatlichen Zahlung der Hypothekenzahlung die Zinsen und den entsprechenden Teil des Kapitals.

Der Teil des Kapitals, den wir mit der Miete bezahlen, die uns der Mieter monatlich zahlt, ist der vierte Faktor. Mit jedem Monat, der vergeht, schulden wir der Bank weniger Geld. Wenn Sie nüchtern darüber nachdenken, kaufen Sie bei einer guten Immobilieninvestition ein Haus nur mit dem anfänglichen Geld (Anzahlung). Sie zahlen den Eintrittspreis, alles Weitere wird von den Mietern bezahlt. Wenn es Ihnen außerdem gelingt, eine Investition mit positivem Cashflow zu tätigen, decken Ihre Mieter nicht nur alle Kosten, sondern tragen auch zusätzliche Mittel in Ihre Tasche ein.

Denken Sie an ein paar Details:

- Derjenige, der eine Hypothek für zwanzig oder dreißig Jahre aufnimmt, ist der Investor. Und diese Schulden müssen, egal was passiert, beglichen werden. Wenn der Investor verstirbt, bleibt er übrigens „erblich".
- Wenn Sie die Wohnung nicht vermieten können, müssen Sie die Hypothek weiterbezahlen. Jetzt können Sie verstehen, dass die Wahl des Zuhauses von entscheidender Bedeutung ist, damit der Zauber entsteht. Und um ein gutes Zuhause auszuwählen, präsentiere ich meinen Freunden die mentalen Modelle. Sie werden sehen, wie sie uns helfen werden, eine gute Wahl zu treffen.

Die Bedeutung mentaler Modelle und wozu sie dienen.

Bei der Suche nach einer Wohnung, in die Sie investieren möchten, ist es hilfreich, ein einfaches Modell im Kopf zu haben, das Ihre potenziellen Investitionen klassifiziert. Deshalb habe ich ein mentales

Modell mit drei Arten von Wohnungen erstellt, in die investiert werden kann. In meinem Fall hilft mir das Verständnis, dass es drei Investitionsarten gibt, bei der Suche und den Verhandlungen viel effizienter zu sein.

Wie ich bereits kurz erwähnt habe, kann man je nach Anlagestrategie mit einer Bruttorendite zwischen 3 % und 10 % rechnen. Und das alles ohne Berücksichtigung der Hebelwirkung. Sobald wir unsere Hebelwirkung nutzen, können die Renditen natürlich in die Höhe schießen (in den zweistelligen Bereich steigen, wenn die Operation gut verläuft, und auch sinken, wenn die Operation nicht so verläuft, wie wir es uns vorgestellt hatten).

Aus Gründen der Vereinfachung habe ich daher die Investitionsmöglichkeiten, die wir ergreifen können, anhand ihrer potenziellen Rentabilität in drei Arten von Wohnraum unterteilt.

Die drei Kategorien des mentalen Modells, die Ihnen helfen, Ihre Immobilieninvestitionen besser auszuwählen.

1. Konservative Investition.

Eine Wohnung, in der jeder gerne wohnen möchte. Neutraler oder leicht negativer Cashflow. 3-4 % Bruttorentabilität.

Investitionen in Wohnungen mit einer Rendite von 3 oder 4 Prozent sind durchaus üblich. Viele Immobilieninvestoren fühlen sich mit dieser Anlageform wohl, da sie in der Regel mit einem geringen Risiko verbunden ist. Grundsätzlich wiederholen Investoren das Modell, das sie beim Kauf ihres Hauptwohnsitzes verwendet haben. Sie führen praktisch die gleichen Schritte aus. Sie suchen in der gleichen Gegend und suchen nach Eigenschaften, die denen ähneln, die sie haben oder die sie gerne hätten.

Dies führt in der Regel zu sehr wenigen Fehlern, da wir beim Kauf eines Ersthauses die Gegend und die Preise sehr gut kennen. In unserer Nachbarschaft kennen wir den Unterschied zwischen einer guten oder sehr guten Gegend, den Gemeinden mit den meisten Problemen oder sogar den Kneipen, die den meisten Lärm machen, genau. Daher handelt es sich um Investitionen, die eigentlich kein großes Risiko bergen, obwohl die Rentabilität gering ist.

In jedem Fall ist es wichtig zu wissen, dass der Cashflow in diesen Häusern im besten Fall meist neutral ist. Und dadurch ist eine Skalierung des Modells NICHT möglich. Denn jedes neue Eigenheim dieser Art, das Sie zu Ihrem Vermögen hinzufügen, erhöht die Notwendigkeit, Geld aus der Tasche zu ziehen.

Nehmen wir ein reales Beispiel eines meiner Häuser:

- Kosten für das Haus + 2 Parkplätze: 750.000 $ (ohne Steuern; Hypothek von 80 % des Immobilienwertes).

- Monatsmiete: 2.800 $.

- Monatliche Festhypothek zu 2 % für 30 Jahre: 2.330 $ (derzeit 1.280 $ Tilgung + 1.050 $ Zinsen).

- Monatliche Community: 230 $/Monat.

- IBI + Haus- und Lebensversicherung: 150 $/Monat.

- Monatlicher Cashflow (wenn es keine unvorhergesehenen Ereignisse gibt): +2.800 $ − 2.330 $ − 230 $ − 150 $ = +90 $/Monat = was wird gegessen für das, was serviert wird.

Bei unvorhergesehenen Ereignissen wird der Cashflow negativ. Daher besteht der Gewinn bei dieser Art von Investition nur aus Kapital (es werden keine Cashflows generiert, solange die Wohnung mit einer Hypothek belastet ist). Im besten Fall deckt die Miete die Miete für die Wohnung ab.

Der Schlüssel liegt darin, dass Sie verstehen, dass sich Ihr amortisiertes Kapital mit jedem Monat erhöht, der vergeht. Seien wir keine Extremisten. Schließlich ist es nicht so schlimm. Sie zahlen eine Eintrittsgebühr für eine fantastische Wohnung. Sie verpfänden sich selbst. Und nach dreißig Jahren (oder wie lange auch immer Sie die Hypothek haben) haben Sie einen Vermögenswert, den die Mieter für Sie bezahlt haben (mit Ausnahme der Anzahlung und aller Nebenkosten) und der einen viel höheren Wert hat als den, den Sie gekauft haben (die Macht der Inflation).).

Im Allgemeinen kaufen Sie einen Vermögenswert von hoher Qualität und geringem Risiko. Diese Formel nutzen die meisten Anleger, die zusätzlich zu ihrem gewohnten Eigenheim eine oder zwei Wohnungen erwerben.

Das Problem bei dieser Art von Immobilieninvestitionen besteht darin, dass sie nicht gut skalierbar sind, da wir nicht unendlich viele Wohnungen wie diese haben können. Die Generierung eines neutralen Cashflows schafft keine ausreichende Sicherheitsmarge. Wenn wir tausend Wohnungen wie diese hätten, wären wir am Ende ruiniert, weil es Jahre geben würde, in denen unvorhergesehene Ereignisse unsere Liquidität zerstören würden.

Wenn der Cashflow der Anfangsinvestition bereits negativ ist, empfehle ich das überhaupt nicht, denn dann wird eine Investition mit geringem bis mittlerem Risiko zu einer Fehlinvestition, die einem zwanzig oder dreißig Jahre lang Geld wegnimmt.

<u>Seien Sie sehr vorsichtig bei Bruttorenditen unter 3,5 %</u>weil sie über Jahrzehnte hinweg negative Cashflows generieren können.

Bei einer solchen Investition empfehle ich eine Festhypothek, da feste Zinssätze Investitionssicherheit schaffen. Sie wissen immer, was Sie bezahlen. Wenn Sie über viele Ersparnisse verfügen, mit denen Sie die Hypothek abbezahlen könnten, wenn die Zinsen in der Zukunft steigen, können Sie mit einer Hypothek mit variablem Zinssatz eine zusätzliche Rendite erzielen.

Wenn Sie eine Hypothek mit festem Zinssatz aufnehmen, liegt die einzige Variable in der Gleichung, die Sie nicht beeinflussen können, darin, was Sie einzahlen. Und es ist besser, nicht mehr eine, sondern zwei Variablen zu kontrollieren. Das ist meine persönliche Sichtweise.

2. Moderate Investition.

Eine Wohnung, die gut ist, aber einige Nachteile hat. Positiver Cashflow. 5-6 % Bruttorentabilität.

Es handelt sich um Wohnungen, die in der Regel zwischen 185.000 und 350.000 Dollar kosten. Sie befinden sich in Gebieten, die der Investor kennt, und ihre Mieten liegen zwischen 1.200 und 1.750 Dollar pro Monat. Im Allgemeinen gibt es immer einen Nachteil, der die Rentabilität höher macht als die der vorherigen Kategorie.

Manchmal liegt es an ihrer Größe. Zu klein, als dass eine Familie in Betracht ziehen könnte, dort für längere Zeit zu leben. Manchmal hat es wenig Licht, die Verteilung ist nicht ideal... Oder es stellt sich einfach heraus, dass es sich um eine sehr alte Wohnung handelt.

Lassen Sie uns ein weiteres reales Beispiel eines meiner Häuser in dieser Kategorie geben:

- Wohnkosten: 185.000 $ (ohne Steuern; Hypothek von 70 % des Immobilienwertes).

- Monatsmiete: 1.620 $.

- Monatliche Festhypothek zu 1,7 % für 20 Jahre: 950 $.

- Monatliche Community: 85 $/Monat.

- IBI + Haus- und Lebensversicherung: 115 $/Monat.

- Monatlicher Cashflow, wenn die Sterne übereinstimmen und keine unvorhergesehenen Ereignisse eintreten: + 1.620 $ − 950 $ − 85 $ = + 585 $/Monat.

Von den drei Wohnungskategorien, die ich Ihnen in meinem mentalen Modell zeige, sind sie meiner Meinung nach die liquidesten Wohnungen, da sie von Investoren und Dauermietern gekauft werden können (obwohl man bedenkt, dass Wohnungen per Definition über eine geringe Liquidität verfügen). Die Preis-Rentabilitäts-Formel ist attraktiv, da sie die bestehende Inflation bei weitem übersteigt.

Diese Untergrenzen generieren einen positiven Cashflow, auch unter Berücksichtigung unvorhergesehener Ereignisse. Schauen Sie sich das reale Beispiel an, wie es einen Cashflow von 585 $ pro Monat generiert. In diesem Fall zahlen wir 30 % zzgl. Steuern im Voraus. Das sind etwas mehr als 116.000 US-Dollar.

Konzeptionell könnten wir in dieser Kategorie so viele Wohnungen kaufen, wie wir wollten oder so viele, wie es unsere Schuldenkapazität zulässt, denn jede Wohnung, die wir unserem Portfolio hinzufügen, beschert uns zusätzliche monatliche Einnahmen, die die Banken bei der Beantragung berücksichtigen neues Darlehen.

Es handelt sich um eine Strategie, die ein moderates Risiko birgt. Im Allgemeinen handelt es sich um Wohnungen, die nicht übermäßig renoviert werden müssen (manchmal reicht ein kleines Facelift) und die mit der Arbeit der meisten Sterblichen vereinbar sind, da sie nicht so viel Hingabe erfordern wie die der nächsten Kategorie.

3. Aggressive Investition.

Eine Wohnung für weniger als 180.000 Dollar. Sehr positiver Cashflow. 7-10 % Bruttorentabilität oder höher.

Die korrekte Benennung von Konzepten erleichtert deren Verarbeitung. Stellen wir uns vor, dass ein Paar in den USA etwa 6.000 Dollar im Monat verdienen kann. Wenn Sie zwischen 20 und 30 % Ihres monatlich verfügbaren Einkommens für die Miete aufwenden können oder wollen, bedeutet das, dass Ihnen zwischen 1.150 und 1.750 US-Dollar pro Monat Miete zur Miete zur Verfügung stehen.

Es ist wichtig, diese Argumentation an den Bereich anzupassen, in dem Sie investieren möchten. Es ist immer einfacher, wenn es sich in der Nähe Ihres Wohnortes befindet (was nicht bedeutet, dass es genau Ihre Stadt sein muss), da Sie über bessere Ortskenntnisse verfügen.

Diese Analyse geht von der Nachfrage aus und wir stellen fest, dass die durchschnittlichen jährlichen Mieteinnahmen für ein Paar zwischen 14.000 und 18.000 Dollar liegen.

Wenn wir also eine jährliche Bruttorendite von mehr als 7 % erzielen wollen, stellen wir fest, dass 230.000 US-Dollar der Gesamtinvestition eine angemessene Obergrenze darstellen.

Lassen Sie uns ein weiteres reales Beispiel eines meiner Häuser in dieser Kategorie geben:

- Wohnkosten: 137.000 $ (ohne Steuern; Hypothek von 75 % des Immobilienwertes).

- Monatsmiete: 1.175 $.

- 2 % monatliche Hypothek mit festem Zinssatz für 25 Jahre: 412 $.

- Monatliche Community: 70 $/Monat.

- IBI + Haus- und Lebensversicherung: 70 $/Monat.

- Monatlicher Cashflow (sofern keine unvorhergesehenen Ereignisse eintreten): + 1.175 $ – 412 $ – 70 $ – 70 $ = + 623 $/Monat.

Wir zahlen den Eintrittspreis zuzüglich Steuern. Etwas mehr als 45.000 US-Dollar. Und der monatliche Fluss ist sehr gut. Lediglich die Bruttorentabilität nach Cashflow (bezogen auf die von uns gezahlte Anzahlung) beträgt mehr als 10 %.

Ich weiß was du denkst. Aber dort, wo ich wohne, sind Wohnungen, die weniger als 230.000 US-Dollar kosten, schlechte Wohnungen.

Klar. Das ist der Schlüssel, nämlich ein schlechtes Zuhause in eine bewohnbare Wohnung zu verwandeln. Der Trick besteht vielleicht darin, es zu reformieren und ein umfassendes Facelift durchzuführen. Vielleicht, indem man sich eine Machtasymmetrie zunutze macht (Sie können es sich leisten, eine Wohnung nicht zu kaufen, und die Person, die sie verkauft, weil es keine anderen Angebote gibt, kann es sich nicht leisten, sie Ihnen nicht zu verkaufen).

Wir müssen uns viele Wohnungen für weniger als 230.000 US-Dollar ansehen und sie mit den Augen eines Investors analysieren (nicht mit den Augen, die wir verwenden, wenn wir darüber nachdenken, unseren Verwandten ein Zuhause zu zeigen) und die Gelegenheit finden, bei der unsere Fähigkeiten als Verhandlungsführer oder unsere Die Fähigkeiten von Reformern können die nötige Magie erschaffen, um ein Haus, das zu einem niedrigen Preisniveau verkauft wird, in ein Zuhause für eine Familie zu verwandeln.

Abhängig von der Gegend, in der Sie leben, werden die 180.000 US-Dollar, die die Kategorie benennen, möglicherweise zu 230.000 oder 140.000 US-Dollar. Sie müssen den Schwellenwert je nach Investitionsbereich anpassen. Wichtig ist, dass Sie das Konzept verstehen.

In welche Kategorie mentaler Musterhäuser möchten Sie investieren? Inwieweit möchten Sie die Anzahl Ihrer Wohnungen vergrößern?

Zunächst müssen Sie verinnerlichen und verstehen, in welche Art von Wohnraum Sie investieren möchten. Starten Sie von hier aus die Suche und verwerfen Sie von vornherein alles, was Sie nicht vorab ausgewählt haben.

Eine schöne Wohnung zu kaufen ist ganz einfach. Der Kauf einer rentablen Wohnung erfordert eine Investorenmentalität, die es zu erwerben gilt. Um Ihnen bei Ihrer Wahl zu helfen, habe ich eine einfache Tabelle erstellt, in der ich einige wichtige Merkmale von Immobilieninvestitionen mit der Typologie von Anlagewohnungen in Verbindung bringe, die ich im mentalen Modell erstellt habe.

Art der Investition	Cashflow	Anerkennung langfristig	Liquidität
Konservativ	Negativ oder neutral	Entspricht es der Inflation?	Sehr niedrig. Hauptsächlich für Mieter käuflich zu erwerben.
Mäßig	Positiv	Entspricht es der Inflation?	Niedrig. Kaufbar für Investoren und Mieter.
Aggressiv	Sehr positiv	Schwer vorherzusagen, aber sie altern schlimmer. Welche langfristigen Auswirkungen hat es, wenn kein Aufzug oder grundlegende Elemente vorhanden sind? Seien Sie vorsichtig mit den Kosten der notwendigen Reformen.	Sehr niedrig. Hauptsächlich von Investoren käuflich zu erwerben. In Krisenzeiten kann es schwierig sein, selbst zu sehr niedrigen Preisen zu verkaufen.

"Tisch. Vor- und Nachteile je nach Wohnform"

Jeder Wohnungstyp im mentalen Modell hat Vor- und Nachteile, die Sie bei der Auswahl des Wohnungstyps, in den Sie investieren möchten, berücksichtigen müssen.

Wenn Sie sich nicht im Klaren darüber sind, was Sie wollen, und wenn Sie die Vorteile und Risiken, die jede Art von Investition mit sich bringt, nicht vollständig verstehen, werden Sie am Ende stark von der

Fachkenntnis des zuständigen Wohnungsverkäufers beeinflusst.

Oder, noch schlimmer, aufgrund Ihrer Sinne, die sich von Natur aus den am wenigsten rentablen Wohnungen zuwenden, denn wie es im Leben passiert und wie Michael Lewis in seinem hervorragenden Buch „Moneyball" gezeigt hat, wird das, was ästhetisch schön ist, überbewertet, während das, was ästhetisch ansprechend ist, überbewertet wird überbewertet. Es fällt ihnen schwerer, Unterbewertetes wertzuschätzen (derselbe Effekt tritt bei Menschen und Wohnungen auf).

Die Kontrolle Ihrer Schulden ist für die Schaffung Ihres Immobilienvermögens von entscheidender Bedeutung. Jede Person verfügt über einen Betrag an Hypothekenkrediten, den sie nutzen kann (und ich empfehle Ihnen, damit verantwortungsvoll umzugehen). Dieser Kredit ist begrenzt. Der Betrag kann mehr oder weniger betragen, abhängig von Ihrem Alter und Ihrem Einkommen. Aber auf jeden Fall gibt es eine Grenze.

Wenn Sie diesen Kredit zur Finanzierung Ihres Hauptwohnsitzes verwenden, bleibt Ihnen weniger Geld für Investitionen in Mietwohnungen. Und wenn Sie diesen Kredit zur Finanzierung Ihrer Immobilieninvestitionen nutzen, bleibt Ihnen weniger Zeit für den Kauf Ihres Hauptwohnsitzes.

Es ist sehr merkwürdig, aber Sie sollten wissen, dass die Höhe Ihres verfügbaren Kredits auch davon abhängt, ob Sie den Kredit für Investitionen oder für Ihr Hauptwohnsitz verwenden.

Wenn Sie das Guthaben zum Investieren verwenden, fällt es höher aus. Ihre Hebelwirkung wird größer sein. Der Grund dafür ist, dass Banken Ihnen erlauben, Kredite zu gewähren, wenn Ihr Einkommen steigt. Wenn Sie also in Immobilien investieren, die ein monatliches Einkommen generieren, prüfen die Banken, ob Ihr Einkommen steigt, und gewähren Ihnen folglich mehr Kredit.

Behalten Sie es auf jeden Fall im Auge. Es gibt einen Trick. Banken prüfen dies erst im Nachhinein. Niemals a priori. Das heißt, wenn Sie eine Mietwohnung haben, können Sie nun Ihr Einkommen gegenüber der Bank nachweisen (durch den Mietvertrag und die entsprechenden Belege). Aber wenn Sie es noch nicht vermietet haben (weil es Ihr erster Kauf als Kapitalanlage ist), berücksichtigen die Banken diese zukünftigen Geldzuflüsse nicht.

Es ist eine wichtige Nuance. Und jetzt fragst du mich: „Warum erzählst du mir das alles?" Denn es gibt nur ein Leben. Stellen Sie sich vor, Sie verbrauchen mit Ihren Immobilieninvestitionen Ihren gesamten Hypothekenkredit. Und du machst es sehr gut. Und Sie gehören zu den Investoren, die Wohnungen für weniger als 180.000 US-Dollar kaufen, weil Sie bereits wissen, dass es darauf ankommt, günstig zu kaufen. Und dann lernt man eine Person kennen und beschließt, zusammenzuziehen.

Und Ihr Partner möchte gemeinsam etwas kaufen. Nun, es tut mir leid, aber vielleicht kann es nicht sein. Wenn Ihr Guthaben aufgebraucht ist und Sie kein Geld auf der Bank haben, können Sie mit Ihrem Partner nicht die Wohnung Ihrer Träume kaufen.

Natürlich gibt es Lösungen wie den Verkauf einiger Ihrer Investitionen. Bedenken Sie jedoch, dass rentable Häuser in der Regel weniger liquide sind als unrentable Häuser, wie ich bereits erläutert habe.

Sie sind Ironien des Marktes. Jeder wünscht sich eine Wohnform und aus diesem Grund wird diese Wohnform unrentabel, weil die Nachfrage den Preis in die Höhe treibt. Daher ist es wichtig, die persönliche Situation jeder Person und das Konzept der verfügbaren Kredite zu verstehen.

Der Versuch, Ihre Immobilienkredite zu erweitern (zuerst den Kauf als Investition und dann den Kauf Ihres Hauptwohnsitzes), ist eine Strategie, die für jüngere Menschen funktionieren kann.

Deshalb ist es immer so wichtig, sich über die Prioritäten jedes Einzelnen im Klaren zu sein.

Analyse der Rentabilitätssprünge.

Wunder gibt es nicht. Wer auf der Hauptstraße einer Hauptstadt mit einer Bruttorentabilität von 10 % kaufen möchte, weil er ein sehr guter Verhandler ist oder weil er weiß, wie man etwas reformiert, hat zwei Möglichkeiten:

1. Warten Sie sitzend.
2. Lassen Sie es mich wissen und wir kaufen es zur Hälfte.

Wir haben die Rentabilität von Häusern bereits in drei Typen eingeteilt.

Ein erfahrener Investor kann eine „konservative Investition" tätigen und eine Rendite von 6 % erzielen. Ein sehr geschickter Investor kann eine „moderate Investition" tätigen und eine Bruttorendite von 7-8 % erzielen. Und ein Top-Investor kann eine „aggressive Investition" tätigen und eine Bruttorendite von 11 % erzielen.

Es können Profitabilitätssprünge erzielt werden. Aber nur von einer Kategorie zur nächsten. Sie können nicht zwei Kategorien gleichzeitig überspringen (natürlich auf legale Weise).

Es ist praktisch unmöglich, eine „konservative Investition" umzuwandeln und eine Rendite von 9 % zu erzielen. Es kann passieren, aber sie sind sehr außergewöhnlich und niemals die Grundlage einer zu verfolgenden Strategie.

Sie können Ihr ganzes Leben in die Suche nach diesen Möglichkeiten investieren und stehen am Ende müde und mit einem nicht vorhandenen Immobilienportfolio da.

Oder Sie können damit beginnen, in eine der von Ihnen gewählten Kategorien zu investieren (idealerweise 2 oder 3) und mit zunehmendem Fortschritt und Lernfortschritt versuchen, anspruchsvoller vorzugehen und hinsichtlich der Rentabilität eine Kategorie zu überspringen.

Du wählst. Wie gewöhnlich. Aktion oder Lähmung durch Analyse.

Kaufen ohne Kapital einzusetzen?

Ich bekomme ganz schlechte Laune, wenn ich Werbung von rücksichtslosen Seelen sehe, die von den Dächern predigen, dass man Wohnungen kaufen kann (und fast sollte), ohne einen Euro aus der Tasche zu ziehen.

Das berühmte OPM (Other People Money), das Ihre Rentabilität offensichtlich steigert, wenn das Spiel gut läuft. Die Rendite des investierten Kapitals (ROI) geht gegen unendlich, da sie ein Verhältnis zwischen Gewinn und investiertem Geld darstellt.

Das Problem ist, wenn das Stück nicht gut läuft. Die Rentabilität geht also offensichtlich mindestens ins Unendliche.

Ich werde direkt sein. Wer, aus welchen Gründen auch immer, zu einem bestimmten Zeitpunkt nicht über Ersparnisse verfügt, sollte sich nicht in den Schlamassel stürzen, eine Mietwohnung ohne einen einzigen Euro zu kaufen. Bitte. Ein bisschen gesunder Menschenverstand.

Können wir eine Wohnung kaufen, ohne einen Euro aus der Tasche zu ziehen? Na klar, ja. Und es kann sehr profitabel sein, wenn man weiß, wie man es richtig macht. Aber wissen Sie, wer das kann? Wer über etwas volle Taschen verfügt, kann das tun.

Für diejenigen, die noch viele Dollar übrig haben, ist die Investition ohne Einzahlung einen einzigen Euro eine Option. Ohne weiteres. Es scheint ironisch, ist es aber nicht.

Es ist so einfach wie zu verstehen, dass die riskantesten Investitionen Teil eines breiten Portfolios sein müssen und dass das Gewicht dieser Investitionen im Verhältnis zur Gesamtsumme gering ist.

Bei Immobilieninvestitionen gibt es Momente, in denen Bargeld benötigt wird. Momente, die ursprünglich nicht geplant waren. Es gibt unvorhergesehene Ereignisse, die berücksichtigt werden müssen, Zeiten, in denen die Wohnung leer steht, oder einfach Momente, in denen der Mieter Ihnen nicht zahlt. Daher ist es immer notwendig, über einen Notfallfonds in Form einer Box zu verfügen, um die Momente bewältigen zu können, in denen man normalerweise weniger gut vorbereitet ist als je zuvor.

Und wenn Sie die erste Wohnung, die Sie kaufen, ohne überschüssiges Bargeld erwerben, steigt die Wahrscheinlichkeit, dass die Investition nicht erfolgreich sein wird, erheblich. Und das ist schade, denn Sie verpassen dadurch eine großartige Möglichkeit, Vermögen aufzubauen. Nur weil es früh und falsch angefangen hat.

Kaufen Sie nach und nach. Diversifizierung in Zeit und Wissen.

Das Problem bei Investitionen in Wohnungen besteht darin, dass sie die Diversifizierung (sowohl zeitlich als auch monetär) erheblich erschweren. Die zu investierenden Beträge sind wichtig und deshalb empfehle ich, mit kleinen Investitionen zu beginnen. Es ist besser, zunächst zwei Häuser für 163.000 US-Dollar zu kaufen, als eines für 320.000 US-Dollar. Mit der ersten Option können Sie schneller lernen und weniger Fehler machen.

Was mir in meinem Fall das nötige Vertrauen gab, war der sehr lukrative Kauf eines Hauses für 140.000 $ und im nächsten Haus wagten wir es zusammen mit meiner Frau mit einem Betrag von mehr als 230.000 $.

Alles geschah nach und nach, es vergingen ein paar Jahre und wir festigten die Erkenntnisse. Wir haben unsere Liquiditätsposition auch durch Einnahmen aus anderen Quellen erhöht.

Konsistenz ist das Wichtigste. Bei einer Investition, deren Reifung Jahrzehnte oder Jahrzehnte dauert, ist Geschwindigkeit nicht relevant.

Wie geht man mit den Ängsten um, die bei den ersten Immobilieninvestitionen immer vorhanden sind?

Unser Geist ist darauf ausgelegt, uns zu alarmieren und somit überleben zu können. Wenn Sie sich also Zehntausende oder Hunderttausende Dollar von der Bank leihen, um Ihr

Immobilienimperium aufzubauen, fängt ein guter Kopf mit Ideen an, die unsere Investition boykottieren oder, noch schlimmer, sie in eine Quelle ständiger Albträume verwandeln können.

Ängste sind normal und natürlich. Was sind die häufigsten Ängste?

- „Der Zinssatz ist sehr niedrig, was ist, wenn er steigt?" Hypothek mit festem Zinssatz. Letzter Punkt.

- „Was ist, wenn es weiter sinkt und ich dann die günstige Zinsparty verpasse?" Dann sündigen Sie aus Ehrgeiz. Niemand kann den Markt vorhersagen.

- „Was passiert, wenn die Immobilienpreise in den nächsten fünf Jahren sinken?" Wenn Sie investieren, um zu spekulieren, haben Sie ein Problem. Wenn Sie langfristig investieren (mindestens mehr als zehn Jahre in Immobilien), haben Sie die Möglichkeit, noch mehr zu kaufen. Denken Sie auch daran, dass in der Vergangenheit der Preis der günstigsten Mietwohnungen weniger stark gesunken ist als der Preis für Eigenheime. Wenn Sie lebenslang Rentabilität erwarten, ist es Ihnen egal, wenn die Immobilienpreise zu bestimmten Zeiten sinken.

- „Was ist, wenn sie die Miete nicht zahlen?" Versicherung gegen Zahlungsausfall.

- „Was ist, wenn sie meine Wohnung besetzen?" Prozentual gesehen kommt das nur sehr selten vor, aber wenden Sie die Antwort auf die vorherige Frage an, was auch funktioniert. Und wenn das passiert, sollten Sie wissen, dass die typischen Leerstandskosten in der Regel etwa 7.000 US-Dollar betragen.

- „Was wäre, wenn ein Meteorit einstürzte, der unerwartet seine Flugbahn ablenkte, als er in der Nähe von Pluto vorbeiflog, und ein Fragment mit einem Durchmesser von fünfzig Metern direkt auf mein Haus fiele und es zerstörte? Das!".

Bei der Immobilienvermietung müssen Sie verstehen, dass das größte Risiko darin besteht, dass Ihre Wohnung nicht vermietbar ist. Das heißt, Sie können es nicht einmal mieten, indem Sie den Preis senken. Wenn Sie also kaufen, um zu investieren, kaufen Sie in einem Bereich, in dem es Nachfrage gibt und von dem Sie glauben, dass es auch in Zukunft weiterhin Nachfrage geben wird (das weiß niemand, aber es gibt Bereiche mit größerer Wahrscheinlichkeit als andere).

Rentablere Vermögenswerte oder andere Qualität?

Wohnungen haben ebenso wie Unternehmen unterschiedliche Qualitäten. Eine Wohnung ohne Aufzug ist in der Regel rentabler (sofern man sie natürlich mieten kann). Es ist rentabler, weil Sie weniger für die Gemeinschaft bezahlen (der Aufzug ist einer der teuersten Kosten in einer Gemeinschaft) und auch, weil der Kaufpreis viel niedriger ist. Im Gegenzug ist es ein weniger liquider Vermögenswert und altert wahrscheinlich schlechter.

In unserem Fall investieren wir mit dem Zeithorizont, niemals verkaufen zu müssen. Daher tendieren wir hauptsächlich zu Vermögenswerten des Typs 2 des mentalen Modells (moderat) mit Renditen von 5-7 %.

Uns gefällt die Tatsache, dass sie normalerweise erst im Alter von weniger als zwanzig Jahren aktiv sind und glauben, dass sie in den nächsten dreißig oder vierzig Jahren noch gut altern können. Darüber hinaus ist die Wartungszeit kürzer und wir wissen das zu schätzen, weil wir unsere Zeit gerne anderen Aktivitäten widmen.

Aber natürlich verzichten wir auf etwas Profitabilität. Wir sind bewusst. Und du? Sind Sie sich darüber im Klaren, was Sie spielen? Wollen Sie die Champions der Rentabilität oder bevorzugen Sie etwas weniger Profitables und reduzieren das Risiko ein wenig? Denken Sie daran: Wenn Sie alles wollen, bekommen Sie am Ende normalerweise nichts.

Ich hoffe, dass dieses Kapitel nützlich ist, um einen Schritt nach vorne zu machen. Herzlichen Glückwunsch, dass Sie es bis hierher geschafft haben! Wir machen weiter!

KAPITEL 4 – DAS GEHEIMNIS HOHER RENTABILITÄT AUFDECKEN: ZIELPREISE, STRATEGIEN UND DIE DAMIT VERBUNDENEN RISIKEN.

In den beiden vorangegangenen Kapiteln haben wir die Bedeutung der Identifizierung von Investitionen mit erheblicher Rentabilität und positivem Cashflow erörtert.

Es gibt zahlreiche Methoden, Mietwohnungen mit hoher Rentabilität zu finden. Es ist jedoch wichtig, die damit verbundenen Risiken nicht zu übersehen, die einer sorgfältigen Analyse und vor allem eines wirksamen Managements bedürfen. Wir werden zehn verschiedene Strategien sehen, um bei der Vermietung von Häusern eine hohe Rentabilität zu erzielen.

Eine der am häufigsten gestellten Fragen von unerfahrenen Anlegern ist, wie man die von vielen diskutierten (aber nur wenigen entdeckten) Immobilienmöglichkeiten findet, die durchweg zweistellige Renditen abwerfen.

Das erste, was ich Ihnen mitteilen möchte, ist, dass ich jedes Mal misstrauisch werde, wenn ich online eine Schlagzeile lese, in der erklärt wird, wie man eine zweistellige Leistung erzielt. Und das sollten Sie auch.

In den meisten Fällen handelt es sich um Artikel von schlechtem Inhalt, die ungenau sind und auf außergewöhnlichen Bedingungen der Vergangenheit basieren. In diesem Fall wird es anders sein, wir werden relevante und leicht verständliche Inhalte sehen.

Der Inhalt dieses Kapitels kann in drei Hauptabschnitte kategorisiert werden:

- Erste Schritte und zehn Strategien, mit denen Sie diese Rendite erzielen können.

- Wir analysieren die mit diesen hohen Renditen verbundenen Risiken.

- Und zur Veranschaulichung und zum Arbeiten mit Zahlen werde ich Ihnen am Ende des Buches ein reales Beispiel zeigen.

Machen Sie es sich bequem und beginnen Sie mit der Suche.

Ermitteln Sie den Mindestmietpreis in Ihrem Investitionsgebiet.

Der erste Schritt besteht, wie fast immer, darin, Nachforschungen anzustellen. Wir müssen den Mindestmietpreis in der Gegend finden, in der Sie investieren möchten (idealerweise weniger als 30 Kilometer von Ihrem gewohnten Zuhause entfernt, insbesondere wenn Sie gerade erst anfangen, die Mietverwaltung zu erleichtern).

Wenn Sie jede Art von Investition analysieren, müssen Sie verstehen, woher die Rentabilität kommt. Und wenn es im Vergleich zur durchschnittlichen Rentabilität des Vermögenswerts eine sehr wichtige zusätzliche Rentabilität gibt, müssen Sie die Hauptursachen dieser zusätzlichen Rentabilität noch besser verstehen. Es gibt immer einen Grund, der eine höhere Rentabilität erklären kann.

Bei der Investition in Mietobjekte tritt ein Phänomen auf, das sich in allen Bereichen wiederholt. Es gibt einen Mindestmietpreis, unterhalb dessen Mietmöglichkeiten knapp sind:

- In den großen Hauptstädten beträgt dieser Preis vielleicht 1.400 US-Dollar pro Monat (in den bescheidensten Vierteln).

- In anderen Ballungsräumen ist dieser Preis möglicherweise

niedriger und liegt bei 1.050 US-Dollar pro Monat.

- Und es gibt auch Städte mit geringerer Nachfrage, da es dort weniger Arbeitsmöglichkeiten gibt, wo die Mindestmiete für ein Haus zwischen 800 und 950 Dollar pro Monat liegt.

Es ist von entscheidender Bedeutung, dass Sie in dem Gebiet (natürlich auch in der Nachbarschaft), in dem Sie investieren möchten (denken Sie daran, dass der Immobilienmarkt stark lokalisiert ist), den Mindestmietpreis kennen. Es ist sehr einfach, es zu bekommen. Sie müssen lediglich auf den Immobilienportalen suchen und nach Mietpreis sortieren. Wenn Sie die zerstörten Mietwohnungen außer Acht lassen (ich schlage mir die Hände vors Gesicht, wenn ich diese Anzeigen sehe), werden Sie schnell feststellen, dass sich viele Mietobjekte auf einen sehr ähnlich niedrigen Preis konzentrieren.

Voila! Du hast es schon. Sie haben nun den üblichen Mindestmietpreis für die Fläche gefunden, in der Sie investieren möchten. Es gibt einen Mindestpreis, zu dem jede Wohnung in gutem Wohnzustand gemietet werden kann.

Bei der Ermittlung des maximalen Kaufpreises sollten Sie für ein Haus zahlen.

Sobald Sie diesen Mindestpreis kennen, können Sie den maximalen Kaufpreis ermitteln, indem Sie nach einer bestimmten Rentabilität suchen. Zum Beispiel:

- Der Mindestmietpreis in Ihrer Region beträgt 1.200 US-Dollar pro Monat. Sie können also sicher sein, dass Sie eine zweistellige Rendite erzielen können, wenn Ihre Investition 144.000 US-Dollar nicht übersteigt. Es wird berechnet: (1.200 $ x 12 Monate / 144.000) x 100 = 10 %. Schwer zu finden, aber wie wir später sehen werden, ist es nicht unmöglich, es zu finden.

- Wenn der Mindestmietpreis in Ihrer Region hingegen 800 US-Dollar pro Monat beträgt, können Sie sicher sein, dass

Sie eine hohe zweistellige Rendite erzielen können, wenn Ihre Investition 96.000 US-Dollar nicht übersteigt. Es könnte auch so berechnet werden: 800 $ x 12 Monate x 10 (wenn Sie 10 % möchten, wenn Sie beispielsweise 12 % möchten, müssen Sie nur diese letzte Zahl ändern, um den maximalen Kaufpreis zu erhalten).

Die größte Herausforderung besteht darin, dass bei der Analyse der tatsächlichen Kosten von Wohnungen im Vergleich zu den Mieteinnahmen deutlich wird, dass es in Gebieten mit hoher Rentabilität kaum Möglichkeiten gibt. Tatsächlich müssen sie in vielen Fällen erstellt werden.

Es gibt Wohnungen, die doppelt so viel (oder sogar mehr) kosten als andere, die praktisch zum gleichen Preis gemietet werden können. Es ist wichtig, diese Realität zu verstehen. Die Preise von Portalanzeigen erlauben es uns im Allgemeinen nicht, diese hohen Renditen zu erzielen. Es gibt nicht viele Möglichkeiten für hohe Rentabilität und daher müssen wir einige Strategien anwenden, die wir später sehen werden, um darauf zugreifen zu können.

Zusammenfassend haben wir gelernt, dass das Verständnis des Mindestmietpreises Ihnen dabei hilft, Ihr Kaufbudget zu definieren. Kommen wir nun zur nächsten Frage:

Wie kann ich Wohnungen finden, die so erschwinglich sind wie die von Ihnen vorgeschlagenen?

Nachdem Sie nun verstanden haben, dass der Schlüssel zum Prozess darin besteht, einen bestimmten Kaufpreis nicht zu überschreiten und einen Kaufpreis zu erzielen, der unter dem Marktpreis liegt, wollen wir sehen, mit welchen Strategien Sie dies erreichen können.

Bevor Sie mit der Suche beginnen, ist es wichtig, sich darüber im Klaren zu sein, dass die besten Chancen oft außerhalb Ihrer Komfortzone liegen. Es tut mir leid, Ihnen sagen zu müssen, dass es möglich ist, gute Immobilienmöglichkeiten zu finden, aber es erfordert einige Anstrengungen. Wie fast alles, was sich im Leben lohnt.

Aber die wichtigste Anstrengung ist die mentale, denn um gute Renditen zu erzielen, müssen Sie Vorurteile abbauen, indem Sie vielleicht in Bereiche investieren, die Sie nicht erwartet haben, viele Neins zu Angeboten erhalten, die für die andere Partei keinen Sinn ergeben, und Wohnungen besichtigen die vor deinen Eltern gebaut wurden. wurden geboren oder leiten eine Gruppe von Arbeitern, die Ihnen bei der Renovierung einer Wohnung helfen, um einen Mehrwert zu schaffen.

Häuser, die „einzugsbereit" sind, sind tendenziell weniger rentabel. Menschen suchen Komfort und vermeiden die möglichen Unannehmlichkeiten einer Renovierung.

Jetzt starten wir die Suche. Ändern Sie Ihre Einstellung, bleiben Sie aufgeschlossen und denken Sie daran, dass der Zauber hoher Rentabilität an einem Ort liegt, den Sie schon lange nicht mehr besucht haben. Wirst du mich begleiten?

Zehn verschiedene Möglichkeiten, hochrentable Häuser zu finden.

1.- Böden in Zone C auf einer ABCD-Zonenskala.

Suchen Sie nicht in den kommerziellsten Straßen Ihrer Stadt nach Häusern. Denken Sie nicht einmal daran, auf die Straße zu schauen, wo sich all die Kriminellen tummeln. Das „Gute" oder „Schlechte" einer Nachbarschaft zu ändern, wird für Sie unmöglich sein! Und selbst wenn sich die Nachbarschaft verändert: Wenn diese Nachbarschaft den Ruf hat, eine schwierige Nachbarschaft zu sein, wird es Generationen dauern, bis dieser Ruf verschwindet. Vermeiden Sie daher die schlimmsten Zonen (die D-Zonen auf einer ABCD-Skala).

Auf der anderen Seite finden Sie in einfachen Arbeitervierteln (Typ-C-Gebiete) die größten Chancen bei geringstem Risiko. Lebenslange Nachbarschaften. Wenn die Kinder das Haus verlassen, suchen sie sich eine kleine Wohnung in der gleichen Nachbarschaft, damit sie in der Nähe ihrer Lieben sein können. Das sind Viertel, die schon seit sechzig oder siebzig Jahren gefragt sind. Es wäre selten, dass die Nachfrage in den kommenden Jahrzehnten zurückgehen würde.

Die Empfehlung lautet, dass Sie in dieser Hinsicht sehr rational sein sollten. Viele Immobilieninvestoren leben in den Zonen A oder B und gerade aus diesem Grund ist es für sie schwierig, in den Zonen C zu investieren. Wenn Sie auf der Suche nach einer hohen Rentabilität sind, ist es manchmal am besten, Ihre Komfortzone zu verlassen und alle Vorurteile herunterzuschlucken und bei der Suche nach der profitabelsten Nachbarschaft mit dem geringstmöglichen Risiko (Typ-C-Nachbarschaften) so rational wie möglich sein.

Daher empfehle ich Ihnen, die Karte der Stadtteile, in denen Sie investieren möchten, sorgfältig zu analysieren. Versuchen Sie, jedes Viertel in eine Klassifizierung von A bis D einzuordnen und konzentrieren Sie sich auf die Zonen C. Jedes Viertel ist sehr unterschiedlich. Wenn Sie also außerhalb Ihres Viertels investieren (weil Sie in Zone A oder B leben), versuchen Sie, die verschiedenen Unterzonen zu kennen, aus denen es besteht Nachbarschaft, die Sie ausgewählt haben.

Was die Bereiche A betrifft: Ihren Freunden sagen zu können, dass Sie in den besten Vierteln Ihrer Stadt wohnen, hat seinen Preis. Sie signalisieren der Welt, „dass es Ihnen gut geht." Wie jemand, der eine Rolex kauft, um zu wissen, wie spät es ist. Und diesen Preis zahlt der Eigentümer viel mehr als der Mieter. Aus diesem Grund sind die Renditen der besten Gebiete schlechter.

Jeder möchte dort eine Wohnung haben und die Preise schießen in die Höhe. Das Risiko ist offensichtlich geringer. Am Samstagabend werden Sie wie ein Champion aussehen, wenn Sie Bier und ein Glas „Albariño" trinken, aber am Ende des Monats, wenn Sie die Miete kassieren, werden Sie kaum genug haben, um die Hypothek zu bezahlen, und kaum mehr, wenn Sie welche haben zum Mehrheitspreis gekauft.

Was die Rentabilität von Mietwohnungen angeht, sind Arbeiterviertel tendenziell die Gewinner.

2.- Alte Böden.

Eine unserer Investitionen. In einer renovierten Altbauwohnung mit einem einfachen, aber wirkungsvollen „Facelift". Ältere Wohnungen sind günstiger. Und es ist normal. Weil sie eine kürzere Nutzungsdauer haben. Denken Sie daran, dass Böden „abnutzen". Wie Radiergummis. Ja ja! Wie Gummibänder. Es gibt auch einen Moment, in dem nichts mehr übrig ist (naja, nur noch das Gelände).

Und in diesem Moment muss man vielleicht alles neu aufbauen. Wenn der Boden von guter Qualität ist, wird das Bauwerk vielleicht einhundertfünfzig Jahre halten. Wenn die Konstruktion gerechter ist, wird es teurer, das 100.-Jahre-Alter zu erreichen.

Wenn Sie also eine Altbauwohnung kaufen, erwerben Sie eine geringere Nutzungsdauer und es entstehen höhere Instandhaltungskosten. Aber weißt du was? Normalerweise zahlt es sich aus.

Dies gleicht dies aus, da neue Wohnungen einen Preisaufschlag haben, der viel höher ist als die von mir genannten Kosten. Und es ist normal. Weil Menschen sehr emotional sind und wir Entscheidungen durch unsere Sinne und Intuition treffen.

Und das Beste? Wenn Sie eine alte Wohnung kaufen und sie einem Facelift unterziehen und sie innen wie neu (oder halbneu) aussieht, haben Sie den Vorteil, dass Sie den Preis einer alten Wohnung zahlen und (fast) die Miete für eine neue Wohnung verlangen können.

Vielleicht lohnt sich die Renovierung oder das Facelift nicht. Oder vielleicht doch. Sie müssen Zahlen machen. Aber zunächst einmal empfehle ich etwas, von dem ich sehe, dass es von einigen nicht befolgt wird. Wenn Sie eine Anzeige auf Immobilienportalen schalten, streichen Sie die gesamte Wohnung, bevor Sie die von Ihnen geposteten Fotos machen.

Der Vorteil ist, dass Sie es nur einmal streichen müssen, am besten in hellen Farben oder Weiß; Es ist angenehm für die Augen und kommt im Allgemeinen gut an. Wenn Sie es beim ersten Mal streichen, streichen die Mieter die anderen Male für Sie, denn (wenn Sie es im Mietvertrag klar angeben) werden sie die Wohnung so verlassen, wie sie sie vorgefunden haben (und wenn sie sie nicht verlassen). Wenn Sie die für Sie gemalte Ware anfertigen, werden Sie sich deren Kaution gemäß den vertraglichen Bestimmungen rechtmäßig aneignen).

Also streichen Sie die Wohnung bitte beim ersten Mal, machen Sie ein paar gute Fotos und Ihre alte Wohnung wird viel besser aussehen und Sie werden sie für viel mehr vermieten.

3.- Häuser ohne Aufzug.

Alle Häuser, die meine Frau und ich besitzen, bis auf eines, haben einen Aufzug. Es ist amüsant, weil sowohl sie als auch ich versuchen, Aufzüge wann immer möglich zu meiden. Aber als unsere Töchter noch klein waren, verließen wir natürlich das Haus, als wären wir für zwei Wochen im Urlaub, und wenn wir beladen waren, benutzten wir natürlich den Aufzug.

Auf jeden Fall haben wir das typische Problem der Verhaltensverzerrung und verstehen vielleicht nicht, dass es viele Situationen gibt, in denen ein Aufzug kaum einen Mehrwert bietet. Stellen Sie sich vor, Sie sind 25 Jahre alt, haben ein angemessenes Gehalt und jemand stellt Ihnen die folgende Frage:

Würden Sie lieber einen Aufzug haben und 120 Dollar pro Monat mehr Miete zahlen oder keinen haben und diese 120 Dollar nutzen können? Die Antwort ist, dass viele wahrscheinlich antworten werden, dass sie 120 Dollar im Monat bevorzugen.

Es ist wichtig, dass wir uns nicht von der Voreingenommenheit unseres Verhaltens blenden lassen. Wohnungen ohne Aufzug sind in der Regel deutlich rentabler, weil:

- Der Anschaffungspreis ist deutlich günstiger (In vielen Fällen können sie die Hälfte des Preises kosten, und die Miete, die Sie verlangen, beträgt viel mehr als die Hälfte, wenn Sie einen Aufzug haben).

- <u>Die Gemeinschaftskosten sind viel niedriger.</u> Abhängig davon, wie viele Nachbarn Sie haben, können Sie 50 US-Dollar pro Monat oder sogar mehr sparen. Und all diese Einsparungen fließen in Form eines Vorteils in Ihre Tasche, denn denken Sie daran, dass die Gemeinschaftskosten vom Eigentümer getragen werden.

Nun müssen Sie zwei wichtige Faktoren berücksichtigen (was Sie in den Risikoteil des Risiko-Rendite-Verhältnisses einbeziehen sollten):

- <u>Häuser ohne Aufzug sind weniger liquide.</u> Wenn Sie eine Wohnung ohne Aufzug verkaufen möchten, kostet Sie das (im Durchschnitt) viel mehr Monate, als wenn sie keinen hat (es geht nicht nur darum, den Preis zu senken, da der Markt für Wohnungssuchende ohne Aufzug ist viel kleiner und besteht hauptsächlich aus Investoren).

- Die Zeit bis zur Anmietung der Wohnung kann sich auch verlängern, wenn die Gegend, in der Sie die Wohnung haben, nicht stark nachgefragt ist. Sie können dies in Ihren Zahlen simulieren, indem Sie die Zeit des leeren Bodens erhöhen.

Zusammenfassend lässt sich sagen, dass der Aufzug eine großartige Erfindung ist, die in der Regel einige Rentabilitätspunkte abzieht, obwohl er der Investition mehr Liquidität verleiht, da er bei Bedarf den Verkauf der Immobilie erleichtert.

4.- Finden Sie eine geerbte Wohnung mit verschiedenen Erben.

In vielen Fällen möchten Erben die Wohnung schnell verkaufen, und die Berechnungen erfolgen schnell. Wenn zehn Brüder eine Wohnung im Wert von 100.000 US-Dollar erben, erhält jeder Bruder beim Verkauf 10.000 US-Dollar abzüglich der entsprechenden Steuern. Wenn die Wohnung eine Zeit lang nicht verkauft wird, kann es zu Auseinandersetzungen kommen: Wer Geld hat, wird so tun, als würde ihn das Thema nichts angehen und es ihm auch nichts ausmachen.

Insgesamt für 10.000 Dollar und wer es braucht, braucht dringend den Verkauf.

Wenn der Verkauf einer Erbschaft also eine Weile dauert, sind die Chancen auf Rabatte groß. Denn wenn man den Preis einer Wohnung im Wert von 100.000 US-Dollar durch Erbschaft um 40 % senkt, sinkt der Preis nicht um 40.000 US-Dollar, sondern „nur" um 4.000 US-Dollar pro Geschwister (wenn es beispielsweise 10 Geschwister gibt).

Wenn Sie da draußen Erbschaften finden. Tun Sie den Erben einen Gefallen. Machen Sie ein Abwärtsangebot. Behalten Sie die Wohnung und lösen Sie das Familienproblem. Es ist ohne Zweifel eine Win/Win-Situation.

5.- Bankunterkünfte.

Banken verdienen Geld, indem sie Kredite vergeben und Zinsen verlangen, die über den Anschaffungskosten liegen, und nicht dadurch, dass sie Immobilien in ihren Bilanzen halten. Die Banken haben also ein Problem (noch eines). Und Fett. Denn in ihren Bilanzen vermerken sie beispielsweise auch, dass eine Wohnung einen Wert von beispielsweise 200.000 Dollar hat, obwohl sie in Wirklichkeit 140.000 Dollar wert ist (was der Kunde zu zahlen bereit ist). Da die Banken aber an der Börse notiert sind, senken sie die Wohnungspreise nicht plötzlich. Jedes Jahr stellen sie Stück für Stück Rücklagen bereit (was den Preis ihrer Bilanz senkt).

Auf diese Weise sparen sie Zeit und können jedes Jahr Gewinne erwirtschaften (obwohl sie jedes Jahr, das vergeht, jedes Jahr schwächer werden; man muss sich nur die Kurse der Banken ansehen, sie scheinen ein Witz zu sein).

Bank-Floors sind möglicherweise die Floors, in denen es am einfachsten zu verhandeln ist, solange für einen bestimmten Floor keine übermäßige Nachfrage besteht. Denn seinerseits gibt es keine Emotionen. Es gibt keine Art von Bindung oder Bindung. In der Bank gibt es ein System, in dem ein Vermögenswert zu einem Preis bewertet wird. Letzter Punkt. Der Bankverkäufer oder Analyst hat dort nicht seine Kindheit verbracht.

Der Verkäufer der Bank (normalerweise Teil einer Marketingfirma) möchte Ihnen die Wohnung verkaufen. Und er möchte es zu dem Preis verkaufen, den der Analyst der Zentrale zulässt.

Machen Sie also Angebote und wenn Sie durchhalten, können Sie vielleicht einen guten Preis erzielen. Am Ende des Jahres vielleicht sogar noch besser, weil sie jährliche Ziele erreichen müssen und Verkäufe erzielen müssen, auch wenn dieser zu einem niedrigeren Preis erfolgt. Der Jahresabschluss ist zu wichtig, um den letzten Euro aus einem unproduktiven Vermögen herausholen zu wollen.

6.- Vermeiden Sie sehr touristische Gebiete. Priorisieren Sie Ballungsräume

Investitionen in Touristenapartments können sehr profitabel sein, aber es ist ein anderes Geschäft. Es ist ein viel intensiveres Geschäft in Bezug auf die Verwaltungsstunden. Stunden, die Sie an Unternehmen auslagern können, die Ihnen eine Servicegebühr berechnen, was natürlich bedeutet, dass Ihre potenzielle Rentabilität geringer ist. Oder Stunden, die Sie sich widmen, wenn Sie viel Freizeit haben (unskalierbares Geschäft, wenn Sie es auf diese Weise tun).

Darüber hinaus ist es je nach Land oder Region möglich, dass Sie bei der Anmietung von Wohnungen für touristische Zwecke keine Steuerabzüge in Anspruch nehmen können (erkundigen Sie sich, wie die Situation in Ihrem Fall ist).

Das Ziel dieses Buches besteht nicht darin, die Rentabilität zwischen Touristenvermietungen und Langzeitvermietungen zu vergleichen. Deshalb werde ich nicht ins Detail gehen. Sie sollten jedoch wissen, dass es sich um unterschiedliche Unternehmen handelt und vor allem drei von ihnen sehr unterschiedliche Renditepotenziale haben.

Das Problem besteht darin, dass Sie das schlechteste Immobilienspiel spielen, wenn Sie Wohnungen zur Langzeitmiete in sehr touristischen Gegenden kaufen. Weil Sie an einem extrem teuren

Ort investieren und darüber hinaus nicht von den potenziell hohen Einnahmen aus der Vermietung von Touristen profitieren.

Für Sie ist es eine Sache, ein Zweithaus zu kaufen, es während Ihrer Ferien zu genießen und den Rest der Zeit der Vermietung zu widmen. Und ein weiterer Grund ist, dass Sie in einen gewöhnlichen Wohnsitz in einem Touristengebiet investieren. Die Zahlen werden für Sie nicht funktionieren. Vermeiden Sie diese Bereiche, wenn Sie auf der Suche nach einer guten Rendite sind.

7.- Umwandlung von Zwei-Zimmer-Wohnungen in Drei-Zimmer-Wohnungen.

Durchsuchen Sie Ihr Referenzimmobilienportal nach Zwei-Zimmer-Wohnungen zur Miete in einer bestimmten Gegend. Machen Sie dann dasselbe im gleichen Bereich für Apartments mit drei Schlafzimmern. Beachten Sie den Preisunterschied; es können rund 20 % mehr sein.

Wenn Sie ein Haus mit zwei Schlafzimmern kaufen und es in ein Haus mit drei Schlafzimmern umwandeln und die Renovierung erschwinglich ist, können Sie natürlich eine sehr interessante zusätzliche Rentabilität erzielen.

Nun, laut Brandon Turner, dem Autor des fantastischen Buches „The book on rent property investing", gibt es etwa 20 % der Häuser mit zwei Schlafzimmern, die mit ein wenig Arbeit in Häuser mit drei Schlafzimmern umgewandelt werden können.

Machen Sie also die Zahlen und sehen Sie, ob es für Sie funktioniert. Und denken Sie vor allem darüber nach, ob Sie die Verwaltung von Arbeitern übernehmen möchten (oder ob Sie es selbst tun und Ihre Wochenenden darauf verwenden möchten, wenn Sie ein Handwerker sind).

8.-Zu renovierende Häuser.

Renovierungen fördern Ihre Geduld, wie es nur wenige Aktivitäten können. Die Renovierung von Wohnungen (und damit meine ich größere Renovierungen) kann natürlich Chancen eröffnen.

Doch zunächst muss man verstehen, dass die Komplexität von Anfang an viel höher ist und der Prozess viel länger dauert, sodass auch das Risiko viel größer ist. Auf jeden Fall wird Ihnen beim Durchgehen klar, dass es gar nicht so anspruchsvoll ist, wie es auf den ersten Blick scheint.

Der Kauf einer Wohnung zur Renovierung ist ein komplexeres Geschäft, da es sich eigentlich um zwei Geschäfte in einem handelt. Zu den Geschäftsfeldern Wohnungsauswahl, Preisverhandlung, Hauskauf, Mieterauswahl und Mieterverwaltung kommt ein neues Geschäftsfeld hinzu, nämlich die Renovierung eines Hauses.

In vielen Fällen werden die Zahlen nur dann bekannt, wenn Sie die Reform erfolgreich bewältigen. Und Reform ist ein Geschäft wie jedes andere, mit seinen inhärenten Schwierigkeiten, die bedeuten, dass es gute und schlechte Reformer gibt.

Wenn Sie eine Wohnung zum Renovieren kaufen möchten, sollten Sie mit einer hohen Kapitalrendite (mindestens zweistellig) rechnen. Die Arbeit, die Sie ausführen (oder auslagern) müssen, birgt ein inhärentes Risiko, das Sie mehr als entschädigen sollte. Wenn Sie also die Zahlen ermitteln, müssen Sie ab dem ersten Tag, an dem die Wohnung neu renoviert wird, deutlich Geld verdienen.

Sobald Sie das Haus renoviert haben, sollte sein Marktwert bereits die von Ihnen getätigten Gesamtinvestitionen (Kauf + Renovierung) übersteigen.

Schauen wir uns Zahlen anhand eines konkreten Beispiels an:

Stellen Sie sich vor, dass eine Zwei-Zimmer-Wohnung (die keiner Renovierung bedarf) in der Nachbarschaft, die Sie sich ansehen, und mit ähnlichen Eigenschaften einen ungefähren Preis von 350.000 US-Dollar hat (denken Sie daran, die Preise gut zu verstehen, indem Sie auf Immobilienportalen suchen).

Wenn Sie ein Haus zum Renovieren kaufen möchten, sollten die Kosten für Ihre Wohnung (mit Steuern) und die fertige Renovierung (auch mit den entsprechenden Steuern) deutlich unter dem Marktpreis liegen.

Jeder versteht, dass Sie ein schlechtes Geschäft gemacht haben, wenn Sie die Wohnung plus Renovierung 350.000 US-Dollar gekostet haben, da Sie nebenbei viel Zeit und Energie verschwendet haben, um am Ende das Gleiche zu zahlen. Denken Sie daran, dass Sie beim Kauf einer Wohnung zum Renovieren Folgendes investieren:

- ZEIT: ein paar Monate, während das Geld stillsteht (eine komplette Renovierung einer Zwei-Zimmer-Wohnung kann durchaus ein halbes Jahr dauern; ich weiß, man sagt Ihnen vier Monate, aber rechnen Sie für alle Fälle mit einem halben Jahr).
- KOPFSCHMERZEN: viel Managementzeit (obwohl Subunternehmer sich an die Maxime erinnern, die besagt, dass man bei einer Arbeit jeden Tag an der Spitze der Schlucht sein muss oder zumindest sehr häufig über Bord gehen muss, denn wenn nicht, kommt die Arbeit nicht voran Geschwindigkeit, die es sollte).

Wie viel niedriger muss der Preis also sein, damit es sich lohnt?

Es hängt davon ab, wie sehr Sie Ihren Stundenpreis und Ihre potenziellen Probleme schätzen. In meinem jetzigen Fall, mit einer großen Familie und einem Job, den ich leidenschaftlich mache, der aber meine Zeit in Anspruch nimmt, ist mein Stundenpreis sehr hoch. Wenn ich arbeitslos wäre, würde mein Stundensatz wahrscheinlich erheblich sinken.

Meiner Meinung nach sollten Sie bereit sein, das Risiko einzugehen und ein Haus anzustreben, das mindestens 20 % unter dem Marktwert liegt, idealerweise mit einem noch größeren Rabatt.

Das heißt, um mit dem Beispiel fortzufahren: Meiner Meinung nach würde ich nicht nach einer Gelegenheit suchen, bei der mich die Kosten für die Wohnung und ihre Renovierung mehr als 280.000 US-Dollar kosten würden.

Wenn wir uns vorstellen, dass die Wohnung 60 Quadratmeter groß ist und die Renovierung uns etwa 700 Dollar pro Quadratmeter kostet (dies ist ein Standard, der je nach Zustand des Hauses variiert) und wir einige unvorhergesehene Ereignisse und die entsprechenden Steuern hinzufügen, können wir schnell feststellen Wir selbst haben Renovierungskosten von etwa 53.000 bis 65.000 US-Dollar. Dies bedeutet, dass die Zahlung von mehr als 185.000 US-Dollar ohne Steuern für das zu renovierende Haus das Risiko mit sich bringt, kein Geld für den Mehrwert der Renovierung zu verdienen.

Zusammenfassend lässt sich sagen, dass der Preis, den Sie beim Kauf eines Hauses, das einer umfassenden Renovierung bedarf, anstreben sollten, idealerweise die Hälfte des Marktpreises nach der Renovierung beträgt. Es handelt sich um eine unwissenschaftliche Regel, die Ihnen jedoch dabei helfen kann, die Höchstpreise für eine Wohnung nach einer umfassenden Renovierung abzuschätzen.

Offensichtlich gilt: Je teurer das Haus, desto mehr Spielraum haben Sie, und dann würde die Regel nicht funktionieren (wenn Sie an Häuser im Wert von mehreren Hunderttausend Dollar denken, könnte der Preis, den Sie zahlen könnten, mehr als die Hälfte betragen, da der absolute Wert der Renovierung höher ausfällt). kostet Sie viel. weniger).

Da wir uns aber auf Mietwohnungen konzentrieren und solche für weniger als 350.000 US-Dollar diejenigen sind, die den größten Mehrwert generieren, wie wir am Anfang des Buches gesehen haben, kann Ihnen diese „einfache Regel" dabei helfen, nicht mehr für eine Wohnung zu bezahlen das muss renoviert werden.

Wie sieht die Realität des Marktes aus?

Die Realität ist, dass die meisten Wohnungen, die renoviert werden müssen, dieser Prämisse nicht entsprechen und viel teurer zum Verkauf angeboten werden, als der Höchstpreis, den Sie zahlen sollten. Wenn Sie sich in einer Verhandlung befinden, erläutern Sie dem Eigentümer die Begründung, die ich Ihnen mitgeteilt habe. Seien Sie transparent mit den Zahlen. Vielleicht versteht er auf diese Weise, dass der Reformator Geld für seine Arbeit verdienen muss.

Auf jeden Fall gibt es im Meer mehr Plattfische als Fische. Seien Sie nicht von irgendeinem Boden besessen. Und noch weniger bei Wohnungen, die saniert werden müssen und mit Problemen verbunden sind. Aspirin kostet Geld und jemand muss dafür bezahlen.

9.-Wohnungen, die längere Zeit nicht verkauft wurden oder gerade zum Verkauf angeboten wurden.

Manchmal machen Eigentümer den falschen Preis, wenn sie eine Wohnung zum Verkauf anbieten. Normalerweise machen sie einen Fehler und bieten das Haus zu einem höheren Preis zum Verkauf an, als es hätte sein sollen. Aber in manchen Fällen (selten, aber es kommt vor) liegt der Startpreis unter dem Marktpreis. Bei diesen Gelegenheiten gewinnt der Schnellste.

Ich muss Ihnen nicht sagen, dass Sie in diesem Fall sehr agil sein müssen. Es ist uns in einem unserer Häuser passiert und dank der Benachrichtigungen der Immobilienportale konnten wir als Erste das Haus besichtigen und den Deal abschließen. Wenn Sie Ihren Markt gut kennen, werden Sie diese Chancen schnell erkennen, denn sie singen wie Muscheln.

„Schnäppchenwohnungen" erfordern viel Agilität (Kauf gleich am Anfang) oder viel Geduld (Kauf viel später). Die Chancen, eine Wohnung zu einem sehr guten Preis zu kaufen, steigen mit der Zeit. Zu Beginn können wir einen falschen Startpreis ausnutzen (schwierig, aber möglich), aber mit der Zeit werden die Eigentümer nervös und sind daher für mögliche Preissenkungen zugänglicher.

Deshalb werden wir über die häufigste Situation nachdenken. Der Eigentümer setzt einen über dem Marktpreis liegenden Angebotspreis an und die Wohnung wurde schon lange nicht mehr verkauft. Und wenn eine Wohnung längere Zeit nicht verkauft wurde, passiert immer das Gleiche. Wissen Sie, was passiert? Was passiert, ist, dass der Eigentümer dieser Wohnung keine Anrufe und Besuche mehr erhält.

Wenn eine Wohnung längere Zeit nicht verkauft wird, kann das nur zwei Gründe haben:

1. Diese Untergrenze hat einen Wert von null Dollar oder einen negativen Wert.
2. Der Verkaufspreis dieser Wohnung ist falsch.

Verstehen, dass das häufigste Problem das zweite ist, da das erste nur in ganz außergewöhnlichen Situationen auftritt (es handelt sich um eine Wohnung, die sich in einem Gebiet ohne Mietnachfrage befindet und die durch die wiederkehrenden Kosten in einen wertlosen Vermögenswert verwandelt wird, d. h. in einen Haftung) müssen wir jeweils abwägen, ob der Eigentümer bereit ist, den Preis zu senken oder nicht. Und wissen Sie, was passiert?

Wenn ein Eigentümer neun Monate lang keinen einfachen Anruf erhalten hat und dann ein neuer Anruf mit einer Anfrage nach seinem Haus eingeht, ist er möglicherweise viel offener für eine Neuverhandlung eines Preises, an den er vor Monaten oder Jahren noch nicht einmal gedacht hätte. Während dieser Zeit hat der Eigentümer alle mit der Wohnung verbundenen Fixkosten (Steuern, Versicherungen, evtl. Hypothek usw.) getragen.

Filtern Sie das Alter der Anzeige auf dem Immobilienportal, das Sie am häufigsten nutzen, und versuchen Sie, den Eigentümer zu kontaktieren. In manchen Fällen ist es schwierig, ältere Anzeigen zu kontaktieren, und es gibt meist Probleme, mit jemandem zu sprechen, der erklären kann, was mit der Wohnung passiert. Wenn es sich bei dem Werbetreibenden um eine Immobilienagentur handelt, macht er sich manchmal nicht einmal die Mühe, Sie nach einer Informationsanfrage zu kontaktieren. Versuchen Sie also, proaktiv zu sein und anzurufen, wann immer Sie eine Telefonnummer haben.

Ich empfehle Ihnen, den Anruf nicht mit der Aussage zu beginnen, dass der Preis sehr hoch ist und das Haus deshalb nicht verkauft wurde. Das wissen sie bereits. Es hat eine Weile gedauert, aber vielleicht haben sie es endlich verstanden.

Sie sollten den Eigentümer und die Agentur offen fragen, warum die Wohnung schon so lange auf dem Markt ist. Mit großer Demut. Anhand dieser Antwort, der Befragung und einer etwas tieferen Auseinandersetzung mit dem Gespräch können Sie nun entscheiden, ob sich ein Besuch lohnt oder nicht.

Wenn die Wohnung sehr weit von ihrem Preis entfernt ist, wird es schwierig sein, den notwendigen Preisnachlass zu erzielen, um die angestrebte hohe Rentabilität zu erzielen. Für den Fall, dass sein Wert näher am Preis liegt, wird der erforderliche Rabatt geringer sein und daher erhöhen sich die Optionen, die Sie zu einem guten Preis kaufen können.

Denken Sie abschließend daran, dass Sie sich bei der Abgabe eines Angebots nicht schämen sollten. Wenn sich jemand beleidigt fühlt, ist das sein Problem, nicht Ihres. Wenn Sie sich in Ihrem Fall beim Bieten nicht ein wenig unwohl fühlen, liegt das vielleicht daran, dass Sie zu großzügig sind.

Wir sind Menschen und möchten anderen gefallen. Es ist etwas Evolutionäres. Wir sind soziale Wesen, weil dies für unser Überleben unerlässlich war. Wenn Sie auf eine Wohnung bieten, sollten Sie ein gewisses Unbehagen verspüren. Wenn Sie eine hohe Rentabilität erzielen möchten, ist es möglich, dass das (niedrige) Erstangebot, das Sie dem Eigentümer unterbreiten, ihn stresst und ihm Unbehagen bereitet. Aber manchmal denkt der Eigentümer vielleicht darüber nach, dass Ihr Angebot schließlich das erste seit vielen Monaten oder Jahren war.

Denken Sie daran, dass Sie sich jederzeit verabschieden können, indem Sie sagen, dass er Sie zurückrufen kann, wenn er später Interesse hat (tatsächlich ist uns das kürzlich passiert).

Normalerweise werden Ihre Angebote nicht angenommen. Aber denken Sie daran, dass Sie zum Kauf einer Wohnung nur ein JA benötigen (rechnen Sie mit vielen Neins). Es ist ein einfaches Wahrscheinlichkeitsspiel.

Denken Sie daran, dass es Ihnen auf lange Sicht immer zugute kommt, im Umgang mit Höflichkeit höflich zu bleiben. Sie können selbstbewusst über den Preis verhandeln und dabei Höflichkeit wahren.

10.- Seien Sie ein „Problemlöser".

Wenn Sie ein Haus kaufen möchten, müssen Sie unzählige Probleme lösen. Alle vorherigen Fälle, die ich Ihnen bereits erklärt habe, sind nichts anderes als die Lösung bestimmter Situationen. Aber es gibt noch viele weitere Probleme, bei denen unsere Fähigkeit, sie zu lösen, uns zusätzliche Rentabilitätspunkte einbringt:

- Unangenehme Gerüche.
- Feuchtigkeit mit Pilzbefall in bestimmten Bereichen des Hauses.
- Vernachlässigter Garten und Umgebung.
- Sehr alte Küchen und Badezimmer (denken Sie daran, dass eine gute Küche und ein gutes Badezimmer das Gesamtbild einer Wohnung verändern).
- Fünfzig-Meter-Wohnungen mit zu vielen winzigen Räumen, die keinen Sinn ergeben.
- Sehr kleine separate Küchen und Esszimmer, die zusammengefügt werden können und so eine sehr schöne Wohnküche usw. ergeben.

Wenn es offensichtliche Probleme gibt, meiden 90 % der potenziellen Käufer diese. Und es ist normal. Probleme erfordern Ihre Zeit und Ihr Management. Und Ihre Zeit und Ihr Management erfordern eine zusätzliche Rentabilität, die Sie erzielen müssen.

Wenn Sie also ein Immobilien-„Problemlöser" sind, können Sie zusätzliche Rentabilität erzielen, weil Sie in der Lage sind, Probleme zu lösen, die andere nicht lösen wollen oder von denen sie nichts wissen.

Die Probleme sind mit Risiken verbunden. Denn manchmal sind kleine A-priori-Probleme nicht so einfach zu lösen.

Die Qualität einer Wohnung und der Zusammenhang mit ihrer Rentabilität.

Wenn wir die Untergrenzen mit Staatsanleihen vergleichen, gibt es sehr zuverlässige Staatsanleihen (z. B. aus den USA) mit sehr geringem Risiko (AAA) und es gibt Schrottanleihen, die viel Rentabilität bieten, aber das Ausfallrisiko ist offensichtlich größer.

Und das Gleiche geschah mit dem Wohnungskaufgebiet. Sehr gute Bereiche mit geringen Renditen, aber sehr geringem Risiko, und im Gegenteil. Ich finde es ein sehr interessantes Gleichnis. Aber das Gute daran ist, dass Sie bei Immobilieninvestitionen das Risiko unter Kontrolle haben.

Das ist der Schlüssel zum Risiko-Rendite-Verhältnis. Indem Sie die Situation kontrollieren können, können Sie das Risiko erheblich reduzieren. Wenn Sie über ein sehr klares Verfahren zur Mieterauswahl verfügen, wird die Wahrscheinlichkeit einer Nichtzahlung erheblich sinken (selbst wenn Sie sich in Zone C befinden oder eine Wohnung mit niedriger Miete mieten), wenn Sie die Mindestsicherheits- und Kontrollmaßnahmen ergreifen Es wird sehr schwierig sein, Ihr Zuhause zu besetzen und so könnten wir weitermachen.

Ihr Management kann einen Betrieb mit hoher Rentabilität und hohem Risiko in einen Betrieb mit hoher Rentabilität und niedrigem/mittlerem Risiko umwandeln. Darin liegt ein großer Teil der Erklärung dafür, warum Ihre Immobilienverwaltungsfähigkeiten so wichtig sind.

Balanceakt: höhere Rentabilität anstreben und gleichzeitig Risiken effektiv managen.

Wir haben mehrere Möglichkeiten beschrieben, entweder Probleme zu lösen oder einige Kriterien auszuwählen (ohne Aufzug, alt, in C-Zonen, mit einer langen Zeit auf dem Markt, abseits von Touristengebieten oder Bankimmobilien), die uns dabei helfen, Rentabilität zu erzielen, während unser Risiko steigt.

Die Idee ist, dass Sie eine opportunistische Mentalität haben und sich bewusst sein müssen, dass Sie niemanden ausnutzen, wenn Sie eine Wohnung unter dem Marktpreis kaufen. Sie bieten eine Lösung an, die dem Verkäufer bisher nicht bekannt war.

Durch die Kombination mehrerer dieser Strategien können Sie natürlich noch mehr Rentabilität erzielen. Und Sie bekommen möglicherweise auch mehr Kopfschmerzen und ein höheres Risiko.

Sogar eine Erhöhung unserer Bankfinanzierung, wenn Sie dazu in der Lage sind (auf 85 % oder sogar 90 % des Wertes des Hauses, manchmal ist das möglich, aber es ist nicht der Zweck dieses Buches, dies zu erklären), wird Ihre Kapitalrendite offensichtlich steigern investiert. Aber wie sieht es mit dem Risiko aus?

Das Problem mit dem Risiko besteht darin, es zu managen.

Wenn Ihr Vermögen das Hundertfache des Wertes eines Eigenheims beträgt, bei dem Sie viel Risiko eingehen und der Umzug nicht gut läuft, merken Sie es kaum. Wenn der Wert Ihres Vermögens nahe Null (oder negativ) liegt und der Umzug schiefgeht, kennen Sie die Konsequenzen bereits.

Es gibt Menschen mit mehr oder weniger Risikobereitschaft. Das ist offensichtlich. Worüber Sie über Ihr Profil hinaus nachdenken sollten, ist der Moment. Deine Zeit. Nicht der Markt. Market Timing lässt sich (nie) erraten. Wir haben keine Kristallkugel. Das gibt es nicht. Lassen Sie sich nicht von falschen Gurus täuschen.

Was Sie verstehen können, ist Ihr Moment. Ihr beruflicher, persönlicher und wertvoller Moment. Ihre Energie und verfügbare Zeit. Ihre Motivation, Ihr Enthusiasmus, Ihre Fähigkeit, in Ihren Handlungen und Zielen konstant zu bleiben (oder auch nicht). Sie sollten auch über Ihre Erfahrungen nachdenken ... Wenn Sie sich selbst gut kennen und sich bemühen, objektiv zu sein (was aufgrund der Art der Übung natürlich unmöglich ist), können Sie das Risiko, das Sie eingehen, besser verstehen neue Investition.

Jede Investition birgt ein anderes Risiko. Das Risiko hängt jedoch immer vom Anleger ab. Wenn es meine Aufgabe ist, Immobilien zu renovieren, ist eine Sanierung für mich nahezu risikolos. Wenn es meine Aufgabe ist, Hypotheken bereitzustellen, birgt der Erhalt einer guten Hypothek für mich nahezu kein Risiko ...

Verstehen Sie sich selbst, verstehen Sie Ihre Situation und nur dann werden Sie das Risiko verstehen, das Sie in Ihrem Fall zu einem bestimmten Zeitpunkt eingehen können.

Und noch eine letzte Empfehlung. Hüten Sie sich vor den unbegründeten Meinungen anderer (natürlich auch meiner). Hören Sie (immer) allen zu, aber machen Sie Ihr eigenes.

Welche Risiken bestehen? Was kann schon schief gehen? Auf der Suche nach dem Bereich des guten Immobilieninvestors. Die Methodik des „guten Investors".

Die harte Realität ist, dass jede Investition ein gewisses Maß an Risiko birgt – keine davon ist davon ausgenommen. Wenn man es richtig macht, besteht am Ende immer ein Risiko (manchmal besteht das Risiko darin, dass der Staat, der bestimmte Vermögenswerte schützt, bankrott geht, aber am Ende besteht immer ein Risiko).

Die gute Nachricht ist, dass das Risiko bei Immobilieninvestitionen stark von Ihrem Management abhängt.

Wenn wir eine Kurve zwischen der Wahrscheinlichkeit, dass „schreckliche Dinge" passieren, und ihrem Zusammenhang mit dem richtigen Handeln („Konzentrieren auf eine gute Managementmethodik") zeichnen, werden wir deutlich erkennen, dass eine gute Vorgehensweise die Wahrscheinlichkeit erheblich verringert. dass unsere Immobilieninvestitionen negative Renditen erwirtschaften.

Guter Bereich für Immobilieninvestoren.

In den Bereich des guten Investors sollten wir uns bewegen. Es gibt

Dinge, deren gute Ausführung fast den gleichen Aufwand kostet wie die schlechte Ausführung. Die Kosten, wenn Sie keinen guten Mieter auswählen, können enorm sein. Und der Aufwand bei der Auswahl eines guten Mieters ist nicht viel größer, als wenn man es nicht tut.

Gleiches gilt für die Abwicklung von Reparaturen oder Sicherheitsmaßnahmen. Unsere Besessenheit muss darin bestehen, uns in die Zone des guten Investors zu versetzen und mit einer guten Methode und Konsequenz zu verwalten. Dies bedeutet gute Renditen und geringe Risiken.

Nachdem wir hervorgehoben haben, wie wichtig es ist, die Dinge gut zu machen, analysieren wir die möglichen Risiken:

Die Hauptrisiken, die wir eingehen, wenn wir in eine Mietwohnung investieren.

Berufsrisiko.

Die Beschäftigungsquote in den USA ist niedrig. Im Allgemeinen ist sie in allen entwickelten Ländern niedrig. Obwohl es ein echtes Problem ist und existiert. In jedem Fall ist es wichtig zu verstehen, dass es möglich, aber unwahrscheinlich ist. Vor allem, wenn Sie Ihre Hausaufgaben machen.

Die Hausbesetzer bevorzugen normalerweise die Häuser von Banken oder Großbesitzern, weil sie wissen, dass es für sie viel einfacher ist und sie viel weniger Lärm in der Gesellschaft verursachen. Wenn Sie also als Kleinanleger investieren, ist Ihr Risikoanteil bereits drastisch gesunken.

Wenn es sich tatsächlich um ein Problem handelt, das Sie nachts wach hält, können Sie außerdem zusätzliche Maßnahmen ergreifen, um besser zu schlafen:

- Ein Alarm.
- Vermeiden Sie den Kauf niedriger Pflanzen.
- Gepanzerte Tür mit zusätzlicher Sicherheit

Risiko der Nichtzahlung.

Das Risiko der Nichtzahlung ist eines der Risiken, über die ich am liebsten spreche. Mir gefällt es, weil die Lösungen relativ einfach sind. Es gibt zwei Möglichkeiten, das Zahlungsausfallproblem anzugehen. Meine bevorzugte Option ist die erste, obwohl die zweite Option einige Anleger besser schlafen lässt.

- **Lösung 1**: Wählen Sie Ihre Mieter mit einer strengen Methode aus, indem Sie Daten und Verhaltensweisen beobachten. Für mich ist es die beste Lösung. Wählen Sie Ihre Mieter nach einem guten Prozess aus. In meinem Fall suche ich nach Mietern, die potenziell fünf Jahre oder länger bleiben können. Viele unserer Mieter wohnen schon seit längerem in unseren Wohnungen. Natürlich macht man (manchmal) Fehler bei Menschen, aber wenn man rigoros vorgeht, ist die Wahrscheinlichkeit viel geringer.

  Wenn der Mieter der Richtige ist, ist es so, als würde man in einem Unternehmen einen guten Fachmann engagieren. Alles ist einfacher. Wenn die Mieter fünf Jahre bleiben, zahlen sie mir 105.000 US-Dollar für das Leben in meinen Wohnungen (durchschnittlich 1.750 US-Dollar Miete). Denken Sie, Sie sollten nicht versuchen, so viel wie möglich jemanden kennenzulernen, der Ihnen diesen Betrag zahlen sollte?

  Bewerten Sie, wie viel es Sie kostet, Ihre Mieter nicht zu kennen. Sobald Sie über die Immobilie verfügen, ist die Auswahl des Mieters der wichtigste Prozess.

  Guter Mieter, wenige Probleme. Schlechter Mieter, mit Sicherheit Albträume. Menschen verändern alles (zum Guten oder zum Schlechten).

- **Lösung 2: Zahlungsausfallversicherung.** Magische Lösung. Kosten: 5 % der jährlichen Mieteinnahmen. Das funktioniert ganz gut, weil andere die Arbeit erledigen, die Sie bei der Auswahl des Mandanten machen sollten (obwohl sie in diesem Fall nur auf Daten achten, nicht auf Verhaltensweisen).

Wenn Sie ruhiger schlafen, schließen Sie eine Nichtzahlungsversicherung ab. Geld ist zum Gebrauch da. Lernen Sie sich selbst kennen und verstehen Sie, ob es Ihnen in dieser Hinsicht hilft.

Aber selbst wenn der Mieter zahlungsfähig ist, bedeutet das nicht, dass Ihre zukünftige Beziehung zu ihm problemlos sein wird. Wenn Sie daher eine Ausfallversicherung abschließen, versuchen Sie, Zeit in das Kennenlernen des Mieters zu investieren, bevor Sie „Ja" sagen.

Wenn der potenzielle Mieter in den Verhandlungen nicht charmant auftritt, wird es in den nächsten Jahren kompliziert.

Reparaturgefahr.

Jedes Jahr fallen Reparaturen und unterschiedliche Wartungsarbeiten an. Nun ja, nicht jedes Jahr. Aber Sie sollten dieses Geld sparen, denn auf lange Sicht wird ein Teil Ihres Budgets dafür verwendet.

Wenn die Wohnung neu ist und Sie sie unmöbliert vermieten, beträgt dieser Prozentsatz möglicherweise 3 %. Ist die Wohnung hingegen alt und voll mit Möbeln und Geräten, steigt dieser Anteil vielleicht auf 10 % oder sogar etwas mehr.

Reparaturen und Problemmanagement werden in jedem Fall vorhanden sein. In Immobilien zu investieren, ohne sich mit Problemen auseinanderzusetzen, ist so, als würde man danach streben, ein Fußballspieler zu werden, ohne Herausforderungen auszuhalten. Stärke und Wachstum entstehen normalerweise aus Widrigkeiten.

Sie können lediglich wählen, ob sie seltener (neue und unmöblierte Wohnungen) oder häufiger (alte und möblierte Wohnungen) sein sollen.

Letzteres ist anstrengender, aber natürlich auch profitabler.

Es besteht die Gefahr, dass die Immobilienwerte in den kommenden Jahren sinken.

In meinem Fall investiere ich immer langfristig. Mindestens zehn Jahre, aber meine ursprüngliche Absicht ist es, die Immobilien niemals zu verkaufen. Wir werden sehen, wie sich meine Mentalität und meine Prioritäten nach mehreren Jahrzehnten weiterentwickeln.

Es stimmt, dass es die Inflation schon immer gegeben hat. Und es wird auch weiterhin bestehen, auch wenn es immer wieder Phasen der Deflation gab und geben wird.

Ich habe kein Interesse daran, den Markt vorherzusagen. Meine Aufgabe und was bei dieser Art von Investition auch Ihre sein sollte, ist die Schaffung von Vermögenswerten, die Erträge generieren (nach Auszahlung von 20 oder 30 % des Wertes dieser Vermögenswerte), die sich selbst amortisieren. Und obendrein bescheren sie mir jeden Monat einen positiven Cashflow. Letzter Punkt.

In zwanzig Jahren werden die meisten meiner Häuser abbezahlt sein. Und wenn dann der Wert des Hauses phänomenal gestiegen ist (das ist das wahrscheinlichste Szenario). Und wenn der Wert des Hauses gesunken ist, dann ist das auch großartig, weil ich dadurch in diesen zwanzig Jahren sicherlich mehr und bessere Häuser kaufen konnte.

Langfristig gesehen erscheinen Marktrückgänge in drei oder fünf Jahren wie Anekdoten, die man für sich behalten und seinen Enkelkindern erzählen sollte.

Wie würde ich handeln, wenn ich mein erstes Haus mit hoher Rendite kaufen müsste?

Verkäufer, die Wohnungen verkaufen, verkaufen lieber ein Haus für 700.000 US-Dollar als ein Haus für 140.000 US-Dollar. Sie können sich den Grund vorstellen, oder?

Die Provision, die sie bei einem teureren Verkauf erzielen, ist viel höher und die Arbeit ist oft ähnlich oder geringer, da die für eine Investition in Wohnungen im Wert von 140.000 US-Dollar erforderlichen Rabatte nicht einfach zu erhalten sind.

Wenn ich anfangen würde, würde ich natürlich nicht nur meinen Lebensunterhalt mit Anzeigen neuer Wohnungen auf den wichtigsten Immobilienportalen bestreiten, sondern auch versuchen, die Hilfe der besten Immobilienmakler in Anspruch zu nehmen.

Der Beruf des Immobilienmaklers genießt keinen besonders guten Ruf. Obwohl das allgemeine Niveau niedrig ist und die von ihnen angewandten Praktiken nicht immer die ethischsten sind, gibt es gute Immobilienmakler. Vor allem solche, die es schon lange gibt und die schwere Wirtschaftskrisen überstanden haben, bei denen der Umsatz um mehr als 50 % zurückging oder sogar für längere Zeit zum Stillstand kam.

Wenn Sie einen guten Immobilienmakler kontaktieren möchten, empfehle ich Ihnen, drei bis fünf Immobilienagenturen aufzusuchen, die schon lange in Ihrer Nähe sind (vergessen Sie die Agenturen, die in den letzten Jahren des Immobilienbooms entstanden sind).

Sagen Sie ihnen, dass Sie für 140.000 bis 2300.000 US-Dollar in eine Wohnung investieren werden (oder welches Budget auch immer Sie im Kopf haben) und welche Rentabilitätskriterien Sie für diese spezielle Investition benötigen. Sie können ihnen sagen, dass Sie zusätzlich zu der Provision, die sie vom Verkäufer erhalten, bereit sind, ihnen ein paar Prozentpunkte mehr oder einen zusätzlichen Festbetrag (2.000, 3.000, 4.000 Dollar?) zu zahlen, damit sie wirklich sehen, dass Sie es sind ernst. Offensichtlich erfüllt es Ihre Verpflichtung, wenn Sie über sie eine Wohnung nach den klaren Kriterien kaufen, die Sie für sie festgelegt haben.

Immobilienmakler werden durch Anreize motiviert. Lassen Sie sie sehen, dass ihre Arbeit belohnt wird. Und zeigen Sie ihnen, dass Sie dazu beitragen können, zusätzliches Einkommen zu generieren. Eine letzte Empfehlung. Wenn Sie einen guten Immobilienmakler finden.

Kümmere dich viel darum! Es ist ein Schatz. Wenn der Makler gut ist und Sie ein ernsthafter Investor sind, wird er Sie kontinuierlich mit Möglichkeiten versorgen (potenzielle Geschäfte, der berühmte Dealflow).

Denken Sie daran, dass Sie die zusätzliche Rentabilität hauptsächlich aus dem Kaufpreis erzielen, den Sie erzielen. Also sei geduldig. Haben Sie eine Arbeitsweise und schämen Sie sich nicht, niedrige Angebote zu machen. Das Normale ist, dass von zehn oder fünfzehn Angeboten vielleicht eines angenommen wird. Wie ich Ihnen bereits gesagt habe, sind Sie möglicherweise zu großzügig mit Ihrem Preis, wenn sie Angebote in einem höheren Verhältnis annehmen.

Dachten Sie, dass es einfacher wäre, Rentabilität zu erzielen?

Es ist nicht einfach. Und es erfordert Zeit und Wissen. Aber das ist es wert. Lernen Sie ständig und wiederholen Sie den Vorgang immer wieder, wenn Sie sich wohl fühlen. Und zum Schluss zeige ich Ihnen einen echten Fall mit Zahlen, damit Sie das Kapitel mit der zusätzlichen Motivation beenden, die Sie zum Handeln drängt.

Die Zahlen einer Immobilieninvestition, die mir seit vier Jahren jährlich 12,4 % eingebracht hat.

Dies ist ein Studio im Zentrum der Stadt. Es handelt sich um eine dritte Etage mit Aufzug, die bereits renoviert wurde und für die 135.000 US-Dollar verlangt wurden. Betrag, den ich letztendlich bezahlt habe. Ich habe es fünf Minuten nach meinem Besuch gekauft. Es war eine „Schnäppchenwohnung". Und wir haben sehr schnell gehandelt.

Wir könnten viele verschiedene Kennzahlen oder KPIs verwenden, um die Rentabilität des Betriebs zu berechnen. Aber kommen wir zu den einfachsten.

Berechnen wir zunächst den Cashflow des Betriebs.

Dazu müssen wir alle Einnahmen berechnen, die das Haus in einem Jahr für uns erwirtschaftete. Und ebenso alle Kosten.

<u>Jährlicher Cashflow</u>= Jahreseinkommen – Jahresausgaben.

Beginnen wir mit der Berechnung des Einkommens:

- In diesem Fall beträgt die aktuelle Miete 1.165 $.
- 1.165 $ x 12 Monate = 13.980 $ Jahreseinkommen.

Bezüglich wiederkehrender Wohnkosten.

- Die monatliche Hypothekenzahlung: Bei diesem Haus wurden 75 % der Gesamtsumme über 25 Jahre mit einem festen Zinssatz von 2 % finanziert. Daher beträgt die resultierende Hypothekenzahlung 438 $. Jährlich sind es 5.256 Dollar.
- Gemeinschaftsgebühren: 70 $ monatlich, 838 $ jährlich.
- Hausratversicherung: 279 $ jährlich.
- Lebensversicherung (im Zusammenhang mit der Hypothek): 350 $ jährlich.
- Grundsteuer: 466 $ jährlich.
- Wartungskosten könnten wir mit 10 % angeben (obwohl sie niedriger waren): 1.400 $ pro Jahr.
- Wir werden 5 % der Zeit als Standardmaß für die unbewohnte Wohnzeit zuweisen (obwohl es weniger war): 700 $.
- Die Summe aller jährlichen Ausgaben = 9.309 $.
-

Und daher beträgt der jährliche Cashflow: Einnahmen – Ausgaben = 13.980 – 9.309 = 4.671 $.

Von diesem Betrag müssten Sie andere Steuern abziehen, die Sie je nach Land oder Region zahlen. In unserem Fall bleiben letztendlich etwa 3.400 $ übrig.

Aus diesen Analysen können wir nun einige Rentabilitätskennzahlen analysieren:

Die Bruttorentabilität des Betriebs (Gesamtjahreseinkommen/Gesamtwohnkosten mit Steuern) = 13.980/135.000 = 10,3 %.

Dies ist eine Maßnahme, die ich häufig verwende, um schnell Häuser auszuschließen, von denen ich weiß, dass sie keine gute Rendite erzielen werden. Bei Bruttorenditen über 6 % weiß ich, dass (bei den aktuellen Finanzierungsbedingungen) der Betrieb problemlos einen positiven Cashflow generieren wird und sich das Haus natürlich auch amortisieren wird.

Eine der am häufigsten verwendeten Kennzahlen ist die Rendite des investierten Geldes (ROCE). Bei diesem Haus haben wir gesehen, dass der Cashflow, den es für uns jährlich generiert, 3.400 Dollar beträgt. Andererseits haben wir 52.750 US-Dollar Eigenkapital investiert.

Daher beträgt der ROCE (oder Return on Capital Equity) 3.400/52.750 = 6,4 %.

Für diese Investition mussten wir also 52.750 US-Dollar auszahlen und erhalten jedes Jahr 3.400 US-Dollar an Geld zurück, das in unsere Taschen fließt (bereits von der Steuer abgezogen).

Für Anleger, die ausschließlich in Mietwohnungen investieren, ist dies eine entscheidende Maßnahme. Wahrscheinlich das Wichtigste für sie.

Warum?

Denn es ist das einzige Geld, das Monat für Monat in ihre Taschen fließt. Wenn jemand beispielsweise durch diese Art von Investition ein Einkommen von 3.500 US-Dollar pro Monat erzielen möchte, müsste er 11,6 (zwölf) Wohnungen kaufen, wie wir sie im Beispiel gesehen haben. 3.400 $ monatlich x 12 Monate / 3.500 $ = 11,65.

Ist das die einzige Rentabilität, die uns diese Investition bringt? Ohne Zweifel nicht!

Es gibt noch andere sehr wichtige Renditen, die wir berücksichtigen müssen, wie ich bereits am Anfang des Buches erwähnt habe. Mit jedem Monat, der vergeht, sinken nicht nur die Gelder, die wir in unsere Taschen stecken, sondern auch die Hypothekenschulden. In diesem Fall beträgt die Schuldentilgungszahlung im ersten Jahr 5.256 US-Dollar. Von den 438 Dollar pro Monat entfallen rund 265 auf das amortisierte Kapital und 173 auf die Zinsen.

Darüber hinaus erhöht sich dieser Abschreibungsbetrag jedes Jahr, was bedeutet, dass zu Beginn der Periode mehr Zinsen gezahlt werden als am Ende.

Wir betrachten diese 5.256 US-Dollar weniger Schulden, die wir am Jahresende übrig haben, als zusätzliche Rendite. Und bezogen auf unsere Anfangsinvestition beträgt diese zusätzliche jährliche Rendite 3.180/52.750 = 6 %.

Zu der Cashflow-Rendite von 6,4 % sollten wir also die 6 %ige Amortisationsrendite der Hypothekenschuld hinzufügen, die sich durch Mietzahlungen selbst bezahlt.

Die Rentabilität beträgt nun 12,4 % (Cashflow + Schuldenabbau).

Aber darüber hinaus kaufen wir beim Kauf eines Hauses auch einen Vermögenswert. Und wir wissen, dass Vermögenswerte aufgrund der Inflation im Laufe der Zeit tendenziell an Wert gewinnen. Was wir in diesem Fall bei den Berechnungen nicht berücksichtigen werden.

Und wenn Sie auch zunächst eine Wohnung unter dem Marktpreis kaufen (was in diesem Fall sicherlich der Fall war und bereits mit einer zusätzlichen Anfangsrentabilität beginnt), denken Sie vielleicht, dass Sie zehn Jahre lang Renditen von fast 20 % pro Jahr erzielen können.

Eine letzte Anmerkung. Lassen Sie sich nicht von der Rentabilität blenden. Und lassen Sie sich davon auch nicht bedrängen. Vielleicht glauben Sie, dass die vorgeschlagenen Wartungskosten (10 % des Einkommens) zu hoch sind und die tatsächliche Rentabilität höher ist, oder vielleicht denken Sie das Gegenteil. Das Gleiche gilt für die Zeitszenarien des leerstehenden Hauses (was übrigens stark von Ihrem Management abhängt) oder für die Inflationsschätzungen. Es spielt keine allzu große Rolle. Denn die Realität ist, dass eine Jahr für Jahr zweistellige Rentabilität bei vielen Investitionen weder normal noch üblich ist. Aber wie Sie bei Immobilieninvestitionen in bestimmte Haustypen gesehen haben, ist dies machbar (mit den damit verbundenen Risiken).

Diese hohe Rentabilität ist das Ergebnis Ihrer Bemühungen bei der Suche und vor allem bei der Beseitigung von Eigenheimen sowie deren professioneller Verwaltung.

Wir haben auch andere, weniger rentable Wohnungen. Wohnungen, die uns Ruhe geben. Wohnungen, die ein zukünftiges Zuhause für unsere Töchter sein könnten. Wohnungen, die uns künftig Liquidität verschaffen könnten, wenn wir sie aufgrund unvorhergesehener Ereignisse verkaufen müssten (das Leben ist bekanntlich voller Überraschungen).

Lernen ist das, was die Welt verändert. Und Lernen kann Sie vielleicht zu einem großartigen Immobilieninvestor machen.

KAPITEL 5 – FINANZSTRATEGIEN ZUR STEIGERUNG IHRER INVESTITIONEN: ENTDECKEN SIE DIE SCHLÜSSEL ZUM ERHALT DER BESTEN FINANZIERUNG UND ZUR SKALIERUNG IHRES UNTERNEHMENS

Wenn eine vielversprechende Investition in greifbare Nähe rückt, wird die Finanzierung meist zu einer überschaubaren Herausforderung. Es gibt mehrere Möglichkeiten, unsere Immobilieninvestitionen zu finanzieren. Das Wichtigste ist, dass Sie verstehen, dass das Erste immer ist, dass „die Operation" Sinn macht und die Mathematik aufgeht. Wenn sich die Zahlen summieren, müssen wir anhand unserer Situation analysieren, wie wir diese Operationen am besten finanzieren können.

Obwohl es zahlreiche Möglichkeiten gibt, Immobilieninvestitionen zu finanzieren, finden Sie unten eine Liste, auf die ich in Kürze näher eingehen werde:

- Hypothekendarlehen.
- FF (Familie und Freunde).
- Kasse.
- Zweite Hypothek.
- Verpfändete Aktien oder Gelder.
- Persönlicher Bankkredit.
- Zimmervermietung.
- Abtretung des Verkäuferdarlehens.
- Partnerschaften.

Zehn Möglichkeiten, eine Immobilientransaktion zu finanzieren.

Wenn es um die Finanzierung meines eigenen Immobiliengeschäfts geht, kann ich meine Empfehlungen ziemlich genau aussprechen. Die lebenslange Hypothek ist mein Favorit. Auf jeden Fall gibt es für manche Menschen, die keinen Anspruch auf eine Hypothek haben, auch andere Möglichkeiten, die eine Analyse wert sind und die bei richtiger Umsetzung auch funktionieren können.

1.- Hypothekendarlehen.

Ein Hypothekendarlehen ist wahrscheinlich die häufigste Möglichkeit, Ihr erstes Eigenheim als Kapitalanlage zu kaufen. Es hat zweifellos viele Vorteile: langfristige Kredite, niedrige Zinsen oder die Möglichkeit, Kredite zu einem festen oder variablen Zinssatz zu beantragen.

Es gibt viele Unternehmen, die diesen Service anbieten, und da es so viel Konkurrenz gibt, sind die Optionen für den Verbraucher normalerweise sehr vielfältig und sehr wettbewerbsfähig.

Der effektivste Weg zur bestmöglichen Finanzierung besteht darin, mehrere Finanzierungsangebote einzuholen. So direkt und so einfach. Aber es bewerben sich nur wenige. Der Schlüssel zur Bestimmung Ihrer Position liegt bei jeder Verhandlung darin, bereit zu sein, den Verhandlungen den Rücken zu kehren, wenn Sie eine bessere Alternative haben.

Bei jeder Verhandlung müssen Sie also zunächst sich selbst überzeugen. Nicht vergessen.

Wie verhandelt man eine Hypothek gut?

Die Finanzierung ist von entscheidender Bedeutung, da die Rentabilität und damit die Nachhaltigkeit Ihrer Immobilieninvestitionen von zwei grundlegenden Faktoren abhängt:

1. Ihre Fähigkeit, profitable Investitionen zu finden.
2. Ihre Fähigkeit, die Geldkosten so niedrig wie möglich zu halten.

Vor dem Ausbruch der COVID-19-Pandemie blieben die Zinssätze über einen längeren Zeitraum niedrig, sodass Privatpersonen sich Hypotheken mit Zinssätzen unter 3 % sichern konnten, entweder zu einem festen oder variablen Zinssatz. Gegenwärtig, nach einer Phase der Negativzinsen, haben die Zentralbanken aufgrund des Inflationsproblems die Zinssätze angehoben, aber diese Situation wird nicht ewig anhalten und auf jeden Fall werden auch die Immobilienpreise von den Zinssätzen beeinflusst.

Wenn die Zinssätze steigen, sinken in der Vergangenheit tendenziell die Immobilienpreise (oder steigen weniger als zuvor), weil die Finanzierung teurer ist. Und auch der gegenteilige Effekt sollte eintreten.

Auf jeden Fall ist der Hypothekenzins zwar eine der wichtigsten Variablen für den Immobilienpreis, aber nicht die einzige. Der Wohnungspreis hängt von vielen anderen Faktoren ab, wie unter anderem der Belegungsrate, dem Zuwanderungsstrom oder dem BIP-Wachstum.

Unabhängig davon, ob die Zinssätze mehr oder weniger hoch sind, wird jede Senkung der Finanzierungskosten eine direkte zusätzliche Rentabilität darstellen, die in die Vene fließt. Um effektiv zu verhandeln, sollten Sie in Erwägung ziehen, ausreichend Informationen einzuholen. Nutzen Sie zum Beispiel Online-Hypothekenvergleiche, um sich einen ersten Überblick zu verschaffen.

Mit diesen Komparatoren können wir in fünfzehn Minuten ziemlich wettbewerbsfähige Konditionen erhalten (wir müssen lediglich ein Formular ausfüllen), die es uns dann ermöglichen, zur Bank zu gehen und die Verhandlungen aus einer stärkeren und informierteren Position zu beginnen. Es ist besonders wichtig, dass der Bankmanager versteht, dass wir umgezogen sind und dass er, wenn er unser Hypothekengeschäft möchte, sich anstrengen muss und dass wir

Konditionen anbieten, die weit von den Standardzinsen (und in der Regel teureren) des Unternehmens entfernt sind.

Alle Bankunternehmen wünschen sich gute Kunden (aktuelle oder potenzielle) und sind bereit, Anstrengungen (geringere Margen) zu unternehmen, um diese zu gewinnen.

Wenn ich mit Immobilieninvestoren spreche, sagen sie am häufigsten, dass sie die schlechten Hypothekenkonditionen bereuen, die sie bei ihren ersten Investitionen erhalten haben. Mit dem über die Jahre gesammelten Wissen könnten sie deutlich bessere Bedingungen erreichen. Es ist normal. Es kann uns allen passieren. Aber jetzt wissen Sie Bescheid.

Vermutlich haben Sie die Hypothek schon seit zehn, fünfzehn, zwanzig oder sogar dreißig Jahren, daher lohnt es sich, im Vorfeld an der Finanzierung zu arbeiten und vor allem gut mit den Karten zu spielen: auch wenn Sie nicht über viel Vermögen oder ein Sehr hohes Einkommen, es kann viel sein. besser als man a priori denkt.

Kluge Manager wollen investierende Kunden. Sie sind diejenigen, die am Ende die meisten Einnahmen für die Bank generieren. Es stimmt aber auch, dass das Risikoprofil eines unerfahrenen Investors höher ist als das eines Käufers seines gewohnten Eigenheims. Deshalb ist es auch wichtig, dass die Führungskraft Sie gut kennt und Ihre Handlungsweise, Ihre Werte, Ihre Ausbildung versteht. Im Zweifelsfall wird Ihr Verhalten sicherlich einen Unterschied machen. Wie bei so vielen anderen Dingen im Leben ist das WIE genauso wichtig oder wichtiger als das WAS.

Für das Erdgeschoss ist die Finanzierung über eine Hypothek in den meisten Fällen die beste Finanzierungsmöglichkeit. Es hat viele Vorteile für den Verbraucher. Das Gesetz hat es weitgehend vor missbräuchlichen Klauseln geschützt und die meisten zusätzlichen Kosten und Steuern müssen von der Bank getragen werden (aber offensichtlich werden sie letztendlich vom Kunden mit einer in der Regel höheren Eröffnungsprovision oder einem höheren Zinssatz übernommen).

Für den Fall, dass eine 100%-Finanzierung ausnahmsweise benötigt wird.

Grundsätzlich ist es nicht ratsam, das Risiko zu erhöhen, es sei denn, Sie verfügen über einen guten Notfallfonds. Sie können Hypotheken auch auf vierzig Jahre verlängern. Sie können die Dienste von Hypothekenmaklern aushandeln, die Ihnen eine zusätzliche Provision berechnen, wenn Sie mit ihnen zusammenarbeiten (laut Gesetz maximal 5 % des Hypothekenbetrags, obwohl ihre Provision normalerweise zwischen 2 und 4 % schwankt, je nachdem). die Art der von Ihnen beauftragten Dienstleistung).

Online-Broker begleiten Sie dabei und können daher auch für diejenigen interessant sein, die weniger Zeit haben. Denken Sie jedoch daran, dass Ihnen dieser Service in Rechnung gestellt wird.

Hypothek mit festem oder variablem Zinssatz?

Zur großen Frage, ob man sich für eine Festhypothek oder eine Hypothek mit variablem Zinssatz entscheiden soll: Es gibt keine einzige richtige Antwort.

Einige Überlegungen, die ich immer weitergebe:

- Erst im Laufe der Jahre werden Sie wissen, ob Sie Ihre Zinszahlungen minimiert haben oder nicht.
- Denken Sie daran, dass am Anfang mehr Zinsen gezahlt werden als am Ende (auch bei gleichbleibender Rate).
- Wenn Sie einen festen Zinssatz verwenden, reduzieren Sie eine Unsicherheit im Mietgeschäft (die Finanzierungskosten) und erhalten dafür (natürlich) einen höheren Preis (zumindest in den ersten Jahren).
- Überlegen Sie, ob Sie über genügend Bargeld verfügen (oder nicht), um einem hypothetischen Zinsanstieg standzuhalten. Wenn Sie es ertragen können (z. B. durch Tilgung), ist vielleicht ein variabler Zinssatz für Sie besser, wenn nicht, vielleicht ein fester Zinssatz. Seien Sie bei dieser Übung

vorsichtig: Menschen sind schlecht darin, unsere Bedürfnisse für drei bis fünf Jahre im Voraus vorherzusagen, stellen Sie sich zehn oder fünfzehn Jahre im Voraus vor!

Kurz gesagt: Das Hypothekendarlehen ist für Sie wahrscheinlich die beste Option, um in die aufregende Welt der Immobilieninvestition einzusteigen. Aber wie gesagt: Investieren Sie Zeit, beschaffen Sie sich Informationen und verhandeln Sie hart.

Ah! Und denken Sie daran: Eine solide Finanzierung rettet eine schlechte Investition nicht, aber eine unzureichende Finanzierung kann eine vielversprechende Investition gefährden.

2.- Partnerschaften.

Alle Immobilientransaktionen habe ich mit einem Partner durchgeführt. In meinem Fall meine Frau. Wenn wir die Operationen nicht gemeinsam durchgeführt hätten, wären die Finanzierungsbedingungen wahrscheinlich schlechter gewesen und wir hätten wahrscheinlich nicht die gleiche Anzahl an Operationen durchführen können.

Wie Sie sich vorstellen können, sollten Investitionen mit Partnern nicht auf die leichte Schulter genommen werden. Obwohl es wichtige Vorteile hat (denn wie man so schön sagt: „In Gesellschaft kommt man immer weiter als allein"), ist es sehr wichtig, die richtigen Partner auszuwählen. Ein Fehler bei der Partnerwahl ist sehr teuer (sowohl aus emotionaler als auch finanzieller Sicht).

Wenn es um Immobilieninvestitionen vom Typ „Buy&Hold" (Kauf von Wohnungen zur Miete) geht, handelt es sich um Investitionen über sehr lange Zeiträume (in vielen Fällen Dutzende von Jahren). Es ist schwer zu sagen, ob Sie und Ihre potenziellen Partner in fünfzehn Jahren die gleichen Interessen haben werden. Weil sich die Prioritäten im Leben ändern. Für alle. Daher ist es beim Eingehen einer Partnerschaft immer sehr wichtig, eine Partnervereinbarung (schriftlich) abzuschließen, in der klar dargelegt ist, wie die Partnerschaft enden wird.

Seien Sie versichert, dass jede Partnerschaft früher oder später zu

Ende geht. Offensichtlich gibt es keine ewigen. Wenn es lange dauert, ist es der Tod, der es beendet. Wenn Ihr Partner Ihr Partner ist, handelt es sich bei der Partnervereinbarung wahrscheinlich um Ihre Ehe (und um die Art des ehelichen Güterstands, den Sie unterzeichnet haben). Wenn dies jedoch nicht der Fall ist, denken Sie daran, die Vereinbarung der Partner zu verfassen und zu unterzeichnen, in der die verschiedenen Gründe für die Auflösung der Partnerschaft und die jeweiligen Konsequenzen aufgeführt sind. Wenden Sie sich selbstverständlich an einen Anwalt, um die Dokumente gründlich und gleichzeitig rechtssicher zu verfassen.

3.- Persönlicher Bankkredit.

Ein Bankkredit kann uns dabei helfen, einen Teil der Anzahlung zu kompensieren, die wir bei der Investition in ein Eigenheim leisten müssen. Es ist auch eine interessante Option, wenn wir eine größere Renovierung in Angriff nehmen müssen und nicht genug Geld haben.

Meine Empfehlung ist auf jeden Fall, dass der Immobilienbetrieb eine sehr gute Rentabilität aufweist, da nur so die hohen Bankzinsen für den Privatkredit kompensiert werden können.

Die Vorteile eines Privatkredits liegen auf der Hand. Es ist eine relativ einfache und schnelle Option, da es keine Hypothekengarantie gibt, die sie unterstützt. Das Problem ist, dass die Zinsen viel höher sind als die Hypothekenzinsen. Sie können 3 bis 7 Prozentpunkte höher ausfallen und zudem sind die Höchstbeträge in der Regel auf etwa 60.000 US-Dollar begrenzt.

Die maximale Rückzahlungsdauer liegt bei ca. 5–7 Jahren. Je nachdem, welchen Betrag wir verlangen, müssen wir möglicherweise mit einer hohen monatlichen Zahlung rechnen. Seien Sie vorsichtig. Denken Sie sorgfältig über alle Optionen nach, die Ihnen zur Verfügung stehen, bevor Sie einen Privatkredit beantragen

4.- Zweithypotheken.

Eine Finanzierungsmethode, die Sie nutzen können, wenn Sie bereits ein Eigenheim besitzen, besteht darin, eine zweite Hypothek auf dieses Eigenheim aufzunehmen, um die Finanzierung des neuen Eigenheims zu finanzieren. Auf diese Weise würden Sie eine neue Wohnung erwerben und gleichzeitig das Eigentum an der vorherigen behalten, die vermietet werden könnte.

Wenn Sie also bereits über eine Wohnung verfügen und deren Wert deutlich höher ist als die ausstehende Hypothek, steht Ihnen eine zusätzliche Finanzierungsquelle zur Verfügung, die Sie für die Investition in eine neue Immobilie nutzen können.

5.- FF (Familie und Freunde).

Eine immer wiederkehrende Option besteht darin, zur Familie zu gehen (oder sogar zu Freunden, obwohl ein Freund, wenn er Ihnen Geld für den Kauf eines Hauses hinterlässt, möglicherweise nicht ganz versteht, was er tut). Mit dieser Finanzierungsquelle könnte Ihre Familie ein Hypothekendarlehen garantieren, sodass die Bank Ihren Kredit endgültig genehmigen kann. Alternativ könnten sie Ihnen auch Geld in Form eines Darlehens zur Verfügung stellen.

Bedenken Sie im Falle einer Bankgarantie, dass bei Nichtzahlung das Familienmitglied für sein aktuelles oder künftiges Vermögen verantwortlich ist. Wie Sie sich vorstellen können, ist die Bürgschaft mit erheblichen und schwerwiegenden Konsequenzen verbunden, wenn die Dinge nicht gut laufen. Es ist eine Option, die ich jenseits der direktesten Blutlinien (Eltern-Kind) als recht riskant betrachte und die meiner Meinung nach Möglichkeit vermieden werden sollte, um Missverständnisse zu vermeiden.

Familie (oder Freunde) könnten Ihnen auch einen Privatkredit für einen bestimmten vorübergehenden Zeitraum gewähren. In solchen Fällen empfehle ich, den Kredit schriftlich zu dokumentieren und das Finanzamt zu benachrichtigen, um eine Einstufung als verdeckte Schenkung zu vermeiden.

Im Rechtsdokument des Darlehens sollten die genaue Höhe des Darlehens, der angewandte Zinssatz (dieser sollte den marktüblichen

Zinssätzen entsprechen), die Rückzahlungsfristen des Darlehens und sogar die Ereignisse im Falle einer Nichtrückzahlung des Darlehens klar dargelegt werden. Es ist wichtig, den Kredit per Banküberweisung zurückzuzahlen (damit wir ggf. nachweisen können, dass der Kredit zurückgezahlt wurde).

Es gibt nur eine Familie. Selbst. Behandle dich gut. Und Freunde ebenso, mach sie nicht zu Feinden.

6.- Abtretung der Darlehen des Verkäufers.

Sie sollten wissen, dass es beim Kauf eines Hauses in manchen Fällen möglich ist, die Hypothek fortzusetzen, die der Verkäufer auf den von Ihnen gekauften Vermögenswert hatte, und so in die Hypothekenschuld einzutreten. Bei Immobilienkäufen besteht häufig die Möglichkeit, die Hypothek des Bauträgers zu übernehmen. Dies ist jedoch nicht der einzige Fall, in dem dies möglich ist.

Es lohnt sich zu verstehen, ob mit der von Ihnen gekauften Immobilie eine Hypothek verbunden ist, und wenn die Bedingungen besser sind als die, die Sie bekommen könnten, versuchen Sie, diese Hypothek abzutreten. Natürlich muss die Bank diesen Forderungsübergang mit der daraus resultierenden Risikoanalyse akzeptieren, Sie können aber nach Möglichkeit eine Finanzierung zu sehr guten Konditionen erhalten.

7.- Mieten Sie Zimmer im gewöhnlichen Wohnsitz oder mieten Sie die Ferienwohnung.

Einer der reichsten Menschen, die ich kenne, mit einem Vermögen von über 250 Millionen Dollar, besitzt wundervolle Sommerhäuser in verschiedenen Gegenden. Es gibt mindestens zwei Bereiche, in denen ich weiß, dass er zweite und dritte Traumimmobilien hat. In der Regel handelt es sich um alte Bauernhäuser oder bis ins kleinste Detail restaurierte Bauernhöfe.

Das Beste daran ist, dass die Instandhaltung dieser restaurierten Immobilien den Eigentümer keinen Cent kostet. Und sie sind immer in

Zeitschriften. Wie es funktioniert? Wie Sie sich vorstellen können, vermietet der Eigentümer seine Wohnungen, wenn er sie nicht benötigt. Darüber hinaus betrachtet er seinen Wohnsitz nur als ein weiteres Geschäft, das er ohnehin schon betreibt.

Es ist merkwürdig, dass jemand mit einem Vermögen von mehreren Hundert Millionen Dollar sein Ferienhaus problemlos vermietet und dass es viele Eigentümer gibt, die ihr Zweithaus auf keinen Fall vermieten würden, obwohl sie es weniger als dreißig Tage im Jahr nutzen.

Ich respektiere alle Meinungen. Es würde mehr fehlen. Doch aus diesem Grund müssen viele Eigentümer ihre Zweitwohnung oft verkaufen, weil sie sie nicht unterhalten können. Oder noch schlimmer: Sie haben Zweitwohnungen mit geringem Wartungsaufwand und befinden sich daher während ihres Urlaubs an unbequemen Orten (heiß oder kalt), weil sie nicht in den optimalen Zustand der Immobilien investieren können.

Das Leben bringt bereits einige Herausforderungen mit sich; Der Besitz eines Zweitwohnsitzes, den wir selten genießen und der auch Kosten verursacht, kann zu unnötigen Komplikationen führen. Im Moment fragen Sie sich vielleicht: Warum erkläre ich Ihnen diese Geschichte mitten in einem Kapitel über Immobilienfinanzierung?

Die Antwort lautet: Wenn Sie ein Haus kaufen und es als Vermögenswert betrachten und damit Rentabilität generieren möchten, gibt es viele kreative Möglichkeiten, die Ihnen bei der Finanzierung dieses Hauses helfen können. Unabhängig davon, ob Sie eine Hypothek oder einen Privatkredit aufnehmen, kann die Art und Weise, wie Sie diese Kredite monatlich bezahlen, aus unterschiedlichen Einnahmequellen stammen.

Daher besteht eine Option, die einige für den Kauf ihres ersten Eigenheims zur Miete nutzen, darin, ein Eigenheim zum Wohnen zu kaufen und es gleichzeitig auch zur Miete zu nutzen.

In vielen Fällen finanzieren Mieter auf diese Weise die Wohnung, in der sie leben, und beginnen, sich mit dem Immobilienvermietungsgeschäft vertraut zu machen.

Es gibt viele Möglichkeiten, Häuser zu mieten, um sie zu finanzieren:

- Manche kaufen ein Haus mit drei oder vier Schlafzimmern und vermieten die Räume, die sie nicht nutzen.
- Andere mieten das Haus, in dem sie wohnen, nur in Ferienzeiten mit starker Nachfrage und hohen Preisen vollständig (und suchen in diesen Zeiten danach, in anderen Häusern von Familienmitgliedern oder Freunden zu wohnen).
- Andere kaufen sogar Häuser, die sie vorbereiten, in zwei Teile teilen und einen der beiden Teile dauerhaft vermieten.
- Oder andere kaufen für ihren Urlaub ein Zweithaus und es stellt sich heraus, dass die vorübergehenden Mieten, die sie bei Nichtnutzung tätigen, alle Kosten des Hauses decken und dennoch Rentabilität generieren.

Es gibt viele Möglichkeiten, Ihr eigenes Vermögen zu vermieten. Ohne Zweifel kann dies eine Möglichkeit sein, Selbstvertrauen und Erfahrung im Immobilienvermietungsgeschäft zu gewinnen.

8.- Verpfändete sonstige Vermögenswerte (für Anleger mit Vermögenswerten im Private Banking).

Die nächste Finanzierungsform ist in der Regel Kunden mit einem bestimmten Vermögen vorbehalten. Die sogenannten Kunden mit einem Vermögen von mehr als 1.00.000 US-Dollar, die mit Private-Banking-Managern zusammenarbeiten. Normalerweise segmentieren die meisten großen Banken ihre Kunden nach ihrem aktuellen oder potenziellen Vermögen, um ihren besten Kunden individuellere Dienstleistungen bieten zu können.

Die Verpfändung gehört zu den Dienstleistungen, die normalerweise nur Private-Banking-Kunden zur Verfügung stehen. Aus diesem Grund werden die Konditionen eines Pfandkredits sehr individuell je nach Kundenprofil ausgehandelt.

Bei der Verpfändung handelt es sich um die Immobilisierung monetärer Vermögenswerte als Sicherheit, beispielsweise Geld, Aktien, Investmentfonds oder festverzinsliche Wertpapiere wie Schuldscheine oder Schatzwechsel, um einen Prozentsatz der Finanzierung des immobilisierten Betrags zu erhalten.

Pfandkredite sind ungewöhnlich und für viele oft ungewohnt. Obwohl ein Hypothekenkredit mit einer Immobiliengarantie gewährt wird, bedeutet die Verpfändung eines Kredits, dass ein finanzieller Vermögenswert als „Pfand" oder als Sicherheit hinterlassen wird, beispielsweise Aktien, Anteile an Fonds, Einlagen oder Versicherungen. Der große Vorteil für den Kunden besteht darin, dass der verpfändete Vermögenswert während der Laufzeit des Darlehens zwar nicht verfügbar ist, er aber weiterhin von der daraus resultierenden Rentabilität profitieren kann. Wenn eine Aktie eine Dividende zahlt, kassiert der Kunde diese, kann die Aktien aber nicht verkaufen, außer um den Kredit zurückzuzahlen.

9.- Kredite von privaten Investitionsnetzwerken.

Diese Finanzierungslinie ist normalerweise unbekannt, obwohl sie viel häufiger vorkommt, als man denkt (insbesondere in der Investment-Community).

Was passiert, wenn Sie die üblichen Bedingungen, die Banken für eine Finanzierung verlangen, nicht erfüllen?

Einige Anleger verzichten darauf, weiterhin in Immobilien zu investieren, während andere auf private Kredite von Investmentnetzwerken zurückgreifen. Damit Sie einige reale Beispiele für die Gründe und Bedingungen sehen können, unter denen mehrere dieser Privatkredite vergeben werden, habe ich mich an einen professionellen Kreditgeber mit gutem Ruf gewandt, um die Einzelheiten der von ihm angebotenen Operationen zu erfahren.

Ich füge unten einige Beispiele bei, damit Sie verstehen, wie sie funktionieren:

Einige Beispiele für private Kreditkonditionen mit Hypothekengarantien:

Beispiel 1- Finanzielle Bedingungen

- Maximaler Kapitalbetrag: 2.100.000 $.
- Netto-Eröffnungsprovision für den Anleger: 1,00 %.
- Normaler Zinssatz: 12,50 %.
- Verzugszinsen: 14,00 %.
- Laufzeit: 12 Monate (mit der Möglichkeit der Verlängerung um weitere 6 Monate. Verlängerungsprovision: 1,00 %).
- Liquidität für den Investor (derjenige, der das Geld investiert): monatlich.
- Hypothekenbürgschaften und Zusatzgarantien: Zwei Einfamilienhäuser werden in touristischen Hochwertgebieten beliehen, beide sehr exklusiv und mit äußerst hochwertiger Ausstattung. Die Finanzierung wird einem Unternehmen gewährt. Der Loan-to-Value (LTV) beträgt 28 %, der Kunde garantiert aber auch persönlich für den Betrieb.
- Kundenprofil und Projektdurchführbarkeit: Dies ist eine Unternehmensgruppe. Das Geld wird für die bevorstehenden Arbeiten an einem seiner Gewerbeobjekte verwendet. Sie tilgen das Darlehen direkt aus den Erträgen, die sie durch ihre regelmäßige Tätigkeit erwirtschaften. Darüber hinaus besitzt der Kunde Immobilienvermögen und hat zwei Objekte seines Immobilienportfolios zum Verkauf angeboten.

Beispiel #2- Finanzielle Bedingungen

- Maximaler Kapitalbetrag: 2.300.000 $
- Eröffnungsgebühr: 1,00 %
- Normaler Zinssatz: 12,90 %
- Laufzeit: 12 Monate
- Anlegerliquidität: monatlich

- LTV: 33,50 %
- Persönliche Bestätigung: Ja (sowohl vom Vater als auch von der Tochter, die alleinige Verwalterin des Unternehmens ist).
- Zweck des Darlehens: berufliche Investitionen.
- Hypothek und zusätzliche Garantien: Der Kunde ist Eigentümer einer Immobilie sowie acht weiterer Vermögenswerte. -Wohn- und Gewerbeimmobilien-. Die Immobilie ist in einem Vorzugsrahmen belastbar (maximale Hypothek auf die bestehende Ersthypothek, so dass der Anleger effektiv zuerst belastet wird). Die Finanzierung wird dem Unternehmen gewährt, das den Vermögenswert hält. Der endgültige LTV unter Berücksichtigung aller Gebühren beträgt 33 % und verfügt außerdem über die zusätzliche Garantie der persönlichen Bürgschaft sowohl des Vaters als auch der Tochter (alleiniger Verwalter des Unternehmens).
- Kundenprofil und Projektdurchführbarkeit: Geschäftskunde, spezialisiert auf die Textilbranche. Das Kapital wird für die produktive Internationalisierung des Unternehmens verwendet. Mit dem Verkauf des bereits im Vermarktungsprozess befindlichen Vermögenswerts wird die Finanzierung gelöst.

Offensichtlich handelt es sich dabei um kurzfristige Kredite (mit einer Laufzeit von Monaten oder einigen Jahren), die durch eine Hypothek besichert sind (die eine Form von Vermögenswerten erfordert). Hierbei handelt es sich um Kredite, die manche Immobilieninvestoren nutzen, wenn sie beispielsweise eine renovierungsbedürftige Immobilie kaufen. Es ist viel schwieriger, eine reguläre Bankfinanzierung für Immobilien mit einer sehr wichtigen Renovierung zu erhalten, da Banken bei der Finanzierung dieser Art von Operation eher zurückhaltend sind (denn wenn es Probleme gibt und sie die Immobilie behalten müssen, wissen sie, dass die Liquidität einer... (das zu sanierende Objekt ist deutlich kleiner).

Daher entscheiden sich einige Investoren für Privatkredite, um Immobilienerwerbe zu finanzieren, Renovierungen durchzuführen und die Häuser anschließend zu vermieten. Sobald das Haus in einwandfreiem Zustand ist, nehmen sie ein Hypothekendarlehen bei einem Finanzinstitut auf, zahlen das Privatdarlehen ab und lösen die mit dem Darlehen verbundene Hypothekengarantie auf.

Dabei handelt es sich um Spezialgeschäfte, die bei der Durchführung der ersten Immobilientransaktion in der Regel wenig Sinn ergeben. Es ist jedoch wichtig, dass Sie über deren Existenz Bescheid wissen, wenn Sie vorhaben, eine beträchtliche Anzahl von Immobilienvermögen zu erwerben.

Die Zinssätze sind in der Regel recht hoch (um Investoren anzulocken, die das Geld leihen), aber der Erhalt des Darlehens erfolgt recht schnell, wenn Sie die Bedingungen erfüllen und über Vermögenswerte verfügen, die den Betrieb garantieren können.

10.- Bargeld (Barzahlung).

Ein guter Freund von mir, ein Manager, hat seinen gewöhnlichen Wohnsitz bezahlt und ein Haus in idyllischer Umgebung geerbt, das er geerbt hat. Während er Kapital in Form von Rücklagen anhäufte, wusste er nicht genau, was er mit den mehreren hunderttausend Dollar anfangen sollte, die sich auf seinen Konten angesammelt hatten.

Aus diesem Grund beschloss er, in ein Haus zur Miete zu investieren und den Gesamtpreis des Hauses (und die entsprechenden Steuern) in bar zu bezahlen. Er kaufte ein praktisch neues kleines Haus mit zwei Schlafzimmern. Die endgültige steuerfreie Nettorendite, die er erzielt, liegt unter 3 %. Es ist eine geringe Rentabilität, die ihm aber gut erscheint, wenn er sie mit der nicht vorhandenen Rentabilität von Bankkonten oder mit den Höhen und Tiefen vergleicht, die er bei variablem Einkommen nicht gut verdauen kann.

Seine Anlagephilosophie basiert auf der Überzeugung, dass die Vermeidung von Schulden einen Bankrott nahezu unmöglich macht. Und da hat er ohne Zweifel vollkommen recht. Und weisst du was? Ich finde es großartig (obwohl ich es vorziehe, Schulden zu nutzen, um unser Vermögen zu beschleunigen). Er ist glücklich und ruhig und das war seine Art, sein erstes Haus als Investition zu kaufen. Er kann in bar bezahlen, weil er das Geld hat, und verzichtet auf eine höhere

Rentabilität (er könnte mit dem Geld, mit dem er eins gekauft hat, mehrere Häuser kaufen, wenn er sich eine Hebelwirkung verschafft), um Seelenfrieden zu gewinnen.

Eine Bezahlung mit Bargeld ist möglich. Und Sie sollten wissen, dass es existiert. Und es gibt einige Investoren, die es nutzen. Und mögen alle mit ihren Entscheidungen zufrieden sein. Natürlich!

Während meine primäre Empfehlung die Hypothekenoption ist, gibt es Fälle, in denen die Kombination mehrerer Finanzierungsquellen von Vorteil sein kann, um die erforderlichen Mittel für die Operation zu sichern.

Fazit zur Bedeutung der Finanzierung.

Das Immobiliengeschäft basiert auf einer sehr einfachen Prämisse. Die wiederkehrenden Finanzierungskosten und alle damit verbundenen Kosten des Vermögenswerts müssen geringer sein als die wiederkehrenden Einnahmen, die uns der Vermögenswert einbringt. Wenn der vorherige Punkt erfüllt ist, weist der Betrieb eine positive Rentabilität auf und wir haben daher mit jedem Monat, der vergeht, mehr Geld in der Tasche. Aus diesem Grund ist es die halbe Miete, zu verstehen, wie wir einen Betrieb finanzieren. Die andere Hälfte besteht darin, das Einkommen zu verstehen.

Die Finanzierung ist die Hälfte, die am meisten von Ihnen abhängt. Sie entscheiden, über welche Quellen Sie Kredite aufnehmen, mit welchen Laufzeiten und ob Sie Ihre Schulden im Voraus zurückzahlen oder nicht.

Information ist Macht. Und in dieser Hinsicht eine Kraft, die Sie viel weniger Zinsen zahlen lässt.

Denken Sie daran: Es gibt keine gute Finanzierung, die eine schlechte Investition retten kann, aber es gibt eine schlechte Finanzierung, die einen guten Betrieb ruinieren kann.

KAPITEL 6 – BEHERRSCHUNG DER PSYCHOLOGIE VON KÄUFERN UND VERKÄUFERN: EFFEKTIVE STRATEGIEN ZUR VERHANDLUNG VON IMMOBILIENPREISEN

Es gibt Verhandlungen, die einen großen Einfluss auf unser Leben haben können. Die Aushandlung einer Gehaltserhöhung oder die erfolgreiche Aushandlung einer erheblichen Kürzung beim Kauf eines Eigenheims hat einen sehr wichtigen Einfluss auf unsere Finanzen.

In diesem Kapitel analysiere ich, wie wir unsere Chancen maximieren können, einen erheblichen Rabatt beim Kauf eines Hauses zu erhalten, sei es zu Investitionszwecken oder sogar zum Privatwohnsitz.

Die Psychologie des Käufers: eine richtige Einstellung und Kontrolle Ihrer Emotionen.

Es wird nicht immer möglich sein, einen Rabatt auf ein Haus zu bekommen. Tatsächlich ist es normal, dass man es nicht bekommt. Im Wesentlichen handelt es sich um ein Wahrscheinlichkeitsspiel. Das erste, was wir tun müssen, ist also, die Verhandlung mit einer guten Mentalität vorzubereiten und zu verstehen, dass unsere Wahrscheinlichkeit steigt, wenn wir mit einer starken, ruhigen und vor allem vorbereiteten Denkweise verhandeln.

Wir alle schauen uns viele Filme an. Es ist normal. Wir mögen Geschichten. Und normalerweise wird der Filmverhandler als ernster Mann mit riesigem Kinn und Pokerface dargestellt.

Mach keinen Fehler. Bei Verhandlungen bewirken solche Einstellungen den gegenteiligen Effekt zu dem, was wir suchen. Wenn Sie also erfolgreiche Verhandlungen anstreben, ist es weitaus effektiver, freundschaftlich zu sein, als emotionslos wie eine Maschine zu wirken. Obwohl ich Ihnen bereits sage, dass Sie allein mit Ihrer Freundlichkeit keinen Rabatt vom Verkäufer erhalten.

Es braucht eine Methode. Eine Methode, die Sie anleitet und Ihnen ermöglicht, Ihre Emotionen zu kontrollieren. Es gibt viele Arten von Hauskäufern:

- Es gibt diejenigen, die praktisch alles akzeptieren, was der Verkäufer von ihnen verlangt. Und sie danken ihnen auch dafür, dass sie „das Haus kaufen durften".
- Auf der anderen Seite gibt es Menschen, die um alles feilschen und die Verhandlungen verloren haben, weil sie radikal sein und jeden Cent gewinnen wollen.

Der Prozess der Verhandlung über den Preis einer Immobilie ist absolut von Emotionen geprägt. Sowohl auf der Kaufseite als auch auf der Verkaufsseite. Der Schlüssel zur Erzielung des besten Preises liegt daher in der Kontrolle Ihrer Emotionen und einer guten Planung (sich über Ihre finanziellen Details im Klaren zu sein und einer zuverlässigen Methode zur Verhandlung und Maximierung Ihrer Optionen zu folgen).

Als Nächstes zeige ich Ihnen im Detail die Methode, die es mir ermöglicht hat, in verschiedenen von mir erlebten Hauskauf- und - Verkaufs Prozessen gute Vereinbarungen für beide Parteien (Käufer und Verkäufer) zu erzielen. Doch bevor wir auf die Einzelheiten der Methode eingehen, ist auch die Psychologie des Verkäufers wichtig.

Die Verkäuferpsychologie ist in der Regel sehr subjektiv.

Wenn Sie sich in die Lage des Verkäufers versetzen, werden Sie viel besser verstehen, wie Sie sich als Käufer verhalten sollten. Zunächst einmal ist der Verkäufer eine Person wie Sie, mit allem, was dazu gehört.

Der Verkäufer hat Erwartungen (real oder unreal), er hat Gefühle gegenüber dem Haus (oder auch nicht) und er hat Bedürfnisse (die meisten davon irrational, wie fast alle menschlichen Bedürfnisse heute in entwickelten Ländern).

Wenn der Verkäufer das Haus für den doppelten Preis verkaufen könnte, würde er dies tun. Offensichtlich. Wenn der Verkäufer aus einer Reihe potenzieller Käufer auswählen könnte, an wen er das Haus verkaufen möchte, würde er nach seinen Kriterien auswählen (vielleicht denjenigen, der am schnellsten zahlt, vielleicht denjenigen, der ihm am besten gefällt, vielleicht denjenigen, der sich am meisten um sein geliebtes Zuhause kümmert ...). Wir wissen nicht. Es ist schwierig, die Millionen neuronaler Schaltkreise des Verkäufers zu verstehen.

Und Verkäufer bieten ihre Häuser in der Regel auf ähnliche Weise zum Verkauf an, als würden Sie ein neues Foto auf Instagram posten. Er klickt auf das aktuelle Immobilienportal (allein oder mit Hilfe eines Immobilienmaklers) und hofft, dass Tausende von Menschen ihm sagen, wie wunderbar sein Zuhause ist, und es ihm „abnehmen".

Und dann erhalten Sie fast immer kaum eine Nachricht oder einen Anruf und sonst wenig. Und der Mensch, der die Rolle des Verkäufers spielt, kann auf die erste Enttäuschung ganz unterschiedlich reagieren.

Ein Klassiker lautet: „Wer mein Haus sieht, behält es." Der Wert ist auf den Fotos nicht zu erkennen. Aber wenn er sie persönlich sieht, wird sich alles ändern." Und so könnten wir damit fortfahren, Phrasen einzutragen, die mit der üblichen Psychologie des Verkäufers in Zusammenhang stehen.

Und der Käufer? Das bist du. Und Sie möchten ein Haus unter dem Marktpreis bekommen, oder? Wenn ja, müssen Sie zunächst die Größe des Marktes verstehen, von dem Sie profitieren möchten. Die erste Frage, die Sie sich also stellen sollten, lautet: Wie viele Häuser werden in Ihrem Zielgebiet unter dem Marktpreis verkauft? Wie oft wird ein Haus in Ihrer Nähe zu einem Preis unter dem Marktpreis verkauft?

Die meisten Häuser in Ihrer Region wurden offensichtlich zum Marktpreis verkauft. Tatsächlich ist das die Definition des Marktpreises.

Der rationale und übliche Verkaufspreis eines bestimmten Vermögenswerts. Aber Sie werden zustimmen, wenn Sie die berühmte Gauß-Kurve kennen, werden wir am Anfang der Kurve eine Reihe verkaufter Häuser finden, die zweifellos zu einem niedrigeren oder viel niedrigeren Preis angeboten werden, als sie sein sollten, und umgekehrt.

Dies geschieht rein zufällig in 5 % der Fälle (mehr oder weniger, wenn wir mehr als das Zweifache der Standardabweichung vom Mittelwert abweichen). Wenn Sie also in einem besiedelten Gebiet leben, ist es wahrscheinlich, dass jeden Tag oder zwei (oder zumindest wöchentlich) Häuser in Ihrer Nähe unter dem Marktpreis verkauft werden.

Ist der Verkäufer bereit, mit einem Rabatt zu verkaufen?

Sie werden nicht in der Lage sein, ein Haus mit einem erheblichen Preisnachlass von einer Person zu kaufen, die nicht darauf vorbereitet ist.

Um sein Haus zu einem unter dem Marktpreis liegenden Preis zu verkaufen, muss ein Verkäufer entweder:

- Bestimmte Argumente verstehen und akzeptieren.
- Ich habe keine Ahnung, wie hoch der Marktpreis ist.

Beim Verkauf (und Kauf) eines Hauses spielt die Psychologie eine grundlegende Rolle. Daher müssen in vielen Fällen bestimmte Ereignisse eintreten, damit ein Verkäufer bereit ist, mit einem Preisnachlass zu verkaufen. Am häufigsten kommt es vor, dass eine Zeit (oder eine ganze Weile) vergeht, in der der Verkäufer keine Angebote erhält, damit sich seine Mentalität allmählich ändert.

Zu akzeptieren, dass Ihr Haus nicht das wert ist, was der Verkäufer für wert hält, ist ein Prozess, niemals ein Ereignis.

Nur weil der Verkäufer nicht völlig verschlossen ist, heißt das jedenfalls nicht, dass es leicht sein wird, ihn zu überzeugen. Und hier kommt die Methode ins Spiel. Dann sollten wir alles tun, was wir können, um sicherzustellen, dass wir die Chancen auf ein besseres Angebot maximieren, wenn der Verkäufer bereit ist, seinen Standpunkt zu ändern.

Und alles beginnt damit, die Hauptmotivation für den Verkauf zu verstehen.

Die Methode, Häuser unter dem Marktpreis zu kaufen.

1.- Warum steht das Haus zum Verkauf?

In vielen Fällen ist der Grund für den Verkauf einer Immobilie nicht so offensichtlich. Und der Verkäufer versteckt es normalerweise. Wenn er schnell verkaufen muss, ist er es offensichtlich nicht gewohnt, Ihnen zu sagen: „Ich bin verzweifelt, habe Schulden und möchte, dass Sie mein Haus kaufen, egal zu welchem Preis." Dies geschieht normalerweise nicht. Normal, oder?

Es ist viel wichtiger zu verstehen, warum der Verkäufer das Haus verkauft, als Sie sich vorstellen können. Und oft ist der einzige Weg, diese Informationen zu erhalten, indirekte Fragen:

- Werden Sie dann ein größeres Haus kaufen?
- Bleiben Sie in der Nachbarschaft?
- Geht Ihnen Ihre Arbeit zu weit?

Letztlich ist das Thema nicht so wichtig. Wichtig ist, dass man offen nachfragt, damit der Verkäufer reden kann. Manchmal dauert es eine Weile, bis sich der Verkäufer öffnet, und daher müssen wir in verschiedenen Phasen des ersten Besuchs verschiedene offene Fragen ausprobieren.

Einige häufige Gründe, ein Haus zu verkaufen:

- Jobwechsel.
- Liquiditätsbedarf.
- Suchen Sie nach Häusern mit besseren Eigenschaften (Terrasse, Licht, Höhe...).
- Dasselbe wie im vorherigen Fall, jedoch mit einer Herabstufung (zu alt, um alt zu werden, in eine bessere

Gegend zu ziehen, einem Kind nahe zu sein ...).

- Eine Beziehung zerbricht und das Haus muss verkauft werden, um die Bühne zu schließen.
- Eine Erbschaft, die unter den Familienmitgliedern aufgeteilt werden muss.
- Ein Bankhaus.

Es gibt noch viele weitere Gründe, aber letztendlich ermöglicht uns das Verständnis der Motivation, zwei grundlegende Variablen besser zu erfassen:

- Die Dringlichkeit oder Nicht-Dringlichkeit des Verkaufs (Zeit).
- Preissensibilität (die Aufteilung eines Hauses auf zehn Eigentümer ist nicht dasselbe wie die Aufteilung auf zwei, wie wir bereits in einem vorherigen Kapitel gesehen haben. Oder eine Schuld mit einem sehr hohen Betrag begleichen zu müssen, ist nicht dasselbe wie sie mit begleichen zu müssen ein niedriger Wert im Vergleich zum Wert des Hauses.

2.- Entspricht der anfängliche Preis des Hauses einem korrekten Marktpreis?

Es scheint offensichtlich, dass die Häuser, die im Hinblick auf „ihren tatsächlichen Wert" preislich am schlechtesten positioniert sind, die Häuser sind, für die wir von Anfang an stärkere Rabatte aushandeln können sollten, oder? Schließlich unterscheiden sie sich stark vom tatsächlichen Wert. Meine Erfahrung zeigt mir, dass dies normalerweise nicht der Fall ist. Ich denke, der Grund ist leicht zu verstehen.

Wenn ein Haus zu einem niedrigen Preis verkauft wird, liegt das daran, dass der Verkäufer seine Arbeit nicht erledigt hat und nicht nachgesehen hat (oder nicht sehen wollte), was sein Haus zum Marktpreis wert ist.

Das passiert oft. Tatsächlich werden Häuser im Durchschnitt mit einem erheblichen Preisnachlass im Vergleich zu dem Preis verkauft, zu dem sie ursprünglich auf den Plattformen angezeigt wurden. Es scheint, dass potenzielle Hauskäufer im Durchschnitt bereit sind, 20 % weniger als den ursprünglich veröffentlichten Preis zu zahlen. Letztendlich ist es so, dass der Betrieb (im Durchschnitt) in der Mitte zwischen dem Angebot des Portals und dem, was der Kunde anbietet, endet.

Warum sind viele Verkäufer vorübergehend blind, was den Preis ihres Hauses angeht?

Viele Verkäufer legen den Preis auf der Grundlage von Überlegungen fest, die nicht den Preis bestimmen, sondern auf der Grundlage persönlicher Überlegungen, an denen der potenzielle Käufer kein Interesse hat.

Typische Fehlbegründung bei der Preisfestsetzung durch den Verkäufer:

- Das Haus hat mich vor Z Jahren X Dollar gekostet.
- Ich muss es für Y-Dollar verkaufen, um das neue Haus kaufen zu können, das ich möchte.
- Die Schulden, die ich noch habe, belaufen sich auf Z-Dollar.
- Der Nachbar verkauft seines für XX Dollar (es ist übrigens seit vier Jahren im Angebot). Meines, das drei weitere Quadratmeter und eine sehr schöne Lampe hat, ist also XX + 10 % Dollar wert.
- Schauen Sie, was für eine schöne Farbe ich auf den Boden aufgetragen habe. Es ist elfenbeinfarben.

Sie sind typische einschränkende Überzeugungen des Verkäufers. Und ich versichere Ihnen, dass es im Allgemeinen nur einen Weg gibt, diese Überzeugungen zu überwinden. Der Grund dafür ist die Gleichgültigkeit des Marktes über einen guten Zeitraum. Deshalb empfehle ich Ihnen, die Finger davon zu lassen, wenn der Preis für ein neues Zuhause nicht stimmt. Es wird sehr schwierig sein, den Verkäufer (der nicht in der Lage war, ein Minimum an rationaler Recherche durchzuführen) davon zu überzeugen, es Ihnen mit einem erheblichen Preisnachlass zu verkaufen.

Sie können diese veräußerten Häuser erst dann auf den Radar bringen, wenn mehrere Monate (oder Jahre) vergangen sind. Ein anfangs zu hoher Preis für ein Haus kann sich im Laufe der Monate oder Jahre ohne Marktaufmerksamkeit in eine gute Gelegenheit verwandeln.

3.- Welche rationalen Gründe können wir anführen, um einen a priori fairen Preis zu senken?

Nehmen wir an, es gibt ein Haus, das zu einem „fairen Preis" zum Verkauf angeboten wird. Wie könnten wir einen Zusatz erhalten, der es uns ermöglicht, Tausende oder Zehntausende von Dollar zu sparen? Welche Argumente können wir verwenden? Wenn man über einen Preis streiten will, muss man nach einem Stützpunkt suchen.

Wenn das Argument, das Sie dem Verkäufer vorbringen, darin besteht, dass es zwei Häuser wie Ihres gibt (stellen Sie sich vor, es handelt sich um eine Werbeaktion mit mehreren Häusern zum Verkauf), die 10 % günstiger verkauft werden, kann der Verkäufer Ihnen keine fundierte Antwort geben, außer Ihnen zu sagen, dass seine Mikrowelle ist die Marke „Smegg" und es hat ihn 580 Dollar gekostet. Da haben Sie eine starke Verhandlungsposition.

Wenn Ihr Argument hingegen darin besteht, dass Ihnen die Farbe des Bodens nicht gefällt und Sie ihn deshalb ändern und 7.000 US-Dollar in einen neuen Boden investieren müssen, ist Ihr Argument für Verhandlungen sehr schwach.

Die Suche nach starken und (praktisch) unbestreitbaren Stützpunkten ist die „wichtigste rationale Strategie", die Sie anwenden werden, um mit dem Verkäufer eine Preissenkung auszuhandeln.

Was sind die gängigsten Anker, die Ihnen beim Aushandeln eines Rabatts beim Hauskauf helfen?

- Marktbenchmarking ist grundlegend. Verstehen Sie, welche ähnlichen Möglichkeiten es in der Region gibt. und zu welchen Preisen. Wenn Sie ein Investor sind und häufig investieren, zögern Sie nicht, dem Verkäufer Beweise für den

Preis vorzulegen, zu dem Sie ähnliche Häuser gekauft haben (natürlich nur, wenn die Informationen wahr sind und die Preise niedriger sind).

- Wenn Sie ein Investor sind und eine bestimmte Rentabilität anstreben, legen Sie das Rentabilitätsberechnungsdokument direkt vor (bitte halten Sie es einfach) und wenn Sie andere Häuser haben, die dieses Rentabilitätskriterium erfüllen, zeigen Sie dem Verkäufer auch die Nummern dieser anderen Häuser.

- Ihre Argumentation ist sehr klar und einfach. „Ich brauche eine Bruttorentabilität von X %. Wenn ich sie mit diesem Haus nicht erreichen kann, muss ich sie über andere Möglichkeiten suchen."

- Besprechen Sie die Sanierungskosten, die Sie übernehmen müssen, wenn Sie einige grundlegende Einrichtungen wie Badezimmer, die Küche oder die Elektroinstallation ändern müssen. Um Ihnen dabei zu helfen, sollten Sie wissen, dass einige der häufigsten Renovierungskosten folgende sind:

  o Komplettrenovierung eines Hauses: ab etwa 600 $ pro Quadratmeter (Sie können natürlich so viel ausgeben, wie Sie möchten). Ein Haus von etwa hundert Quadratmetern, das Sie komplett renovieren müssen, kostet selten weniger als 60.000 US-Dollar.

  o Renovierung von Badezimmern und Küchen: Dies ist eine recht häufige Renovierung. Der Durchschnittspreis könnte bei etwa 300–370 US-Dollar pro Quadratmeter liegen. Normalerweise kostet eine komplette Küche nicht weniger als 10.000 US-Dollar und jedes Badezimmer hat mindestens 7.000 US-Dollar an Arbeits- und Materialkosten.

  o Ein Haus streichen: von 700 bis 3.500 $ (natürlich abhängig von der Größe).

o Ändern Sie die gesamte Elektroinstallation: ab etwa 5.500 $.

4.- Es ist nicht nur der Preis. Sie müssen andere Konzepte berücksichtigen.

Wandern ist eine tolle Aktivität. Es gibt uns geistige Frische und hilft uns, viele Probleme in unserem täglichen Leben zu lösen. Das Gleiche passiert, wenn Sie verhandeln. Manchmal ist es gut, zu Fuß zu gehen. Was meine ich?

Sie sollten sich bei der Verhandlung nicht nur auf den Preis konzentrieren. Ja, es ist der wichtigste Faktor, aber es ist nicht der einzige. Es gibt viele Konzepte zu verhandeln.

Wenn wir in der Preisfrage völlig stecken bleiben, können wir uns auf andere Bedingungen einigen, um mehr Einfühlungsvermögen zu fördern und ein Gefühl für den Fortschritt in der Verhandlung zu erzeugen. Sobald wir dann „weitergekommen" sind, werden wir den Preis erneut verhandeln.

Welche gemeinsamen Elemente können Sie über den Preis hinaus verhandeln?

- Eine hohe und schnelle Anzahlung, um das Vertrauen zu schaffen, dass wir den Betrieb schließen werden und die Situation nicht noch schlimmer machen.

- Die zusätzliche Zahlung für Möbel, mit denen der Verkäufer nichts anzufangen weiß und die wir später möglicherweise wegwerfen (100.000 US-Dollar für ein Haus anzubieten, ist nicht dasselbe wie 95.000 US-Dollar + 5.000 US-Dollar für die Möbel anzubieten).

- Ja, für den Käufer ist es dasselbe. Aber für den Verkäufer ist es das nicht. Manchmal kann es funktionieren. Ich versichere dir. Denn wir verstehen den Wert, den der Verkäufer seinen

Möbeln beimisst (ja, ich weiß, vierzig Jahre alte Möbel, die man durch den Verkauf nicht mehr bekommen kann). Denken Sie darüber nach, wie der Verkäufer denkt. Wenn Sie egoistisch sind, denken Sie an andere. Du wirst es besser machen.

- Ungewöhnliche Fristen für den Transaktionsabschluss. Wenn Sie bezahlbare Häuser kaufen, können Sie diese möglicherweise direkt in bar bezahlen. Und Sie können dem Verkäufer die „mühsamen" zwei bis drei Monate ersparen, die für den Papierkram und die Prozesse beim Notar üblich sind. Wenn Sie einen Verkauf in ein paar Tagen und nicht in ein paar Monaten anbieten können, haben Sie eine sehr mächtige Waffe.

- Besondere Bedürfnisse des Verkäufers aushandeln. Stellen Sie sich vor, der Verkäufer braucht ein paar Monate, um nach einem neuen Zuhause zu suchen (ob zur Miete oder zum Kauf). Warum geben Sie ihm nicht die volle Flexibilität, sich die Zeit zu nehmen, die er braucht? Vielleicht durch den Abschluss eines Serious-Money-Vertrags mit einem viel längeren Ablaufdatum als üblich. Oder vielleicht passiert das Gegenteil. Hören Sie dem Verkäufer zu und beobachten und recherchieren Sie, was er wirklich braucht und bieten Sie ihm alles an, was für Sie kein großes Problem darstellt, aber das Leben des Verkäufers enorm erleichtert.

Wenn Sie gehen, ändert sich Ihre Sicht auf die Situation. Wir alle haben es erlebt. Gehen Sie mit dem Verkäufer über den Preis hinaus. Und wenn Sie Fortschritte gemacht haben, kehren Sie zum Thema Preis zurück. Bis dahin haben Sie bereits eine vorläufige Einigung über etwas erzielt. Und Sie werden dem Abschluss einer möglichen Vereinbarung sicherlich näher kommen.

5.- Die Macht und Bedeutung der Zeit und die Chancen, die zu Ihren Gunsten stehen.

Hallo guten Morgen! Mein Name ist Albert. Ich werde seine

Wohnung für 180.000 Dollar kaufen. Ja, das, das er für 260.000 Dollar bewirbt. Wenn er möchte, werden wir nächste Woche den Verkauf unterzeichnen. Ruhig!

Das Aushandeln eines Rabatts ist keine vergleichbare Aufgabe wie die Zubereitung von Instantkaffee. Sie benötigen Tage, Besprechungen, Momente, Reflexionen, negative Reaktionen ... Und das Normale ist, dass Sie am Ende nicht den Preis dafür bekommen. Wenn Sie jedoch konsequent Verhandlungen über verschiedene Möglichkeiten führen, werden Sie am Ende Tausende von Dollar sparen und viel höhere Renditen erzielen.

Sie werden es nicht dadurch erreicht haben, dass Sie sehr klug waren. Sie haben es einfach geschafft, weil sich die Wahrscheinlichkeiten am Ende mit Ihrer methodischen und beharrlichen Arbeitsweise verbündet haben. Es ist sehr schwierig, dass man nach Dutzenden von Abwärtsangeboten kein Ja bekommt.

Ich kann Ihnen versichern, dass es UNMÖGLICH ist, ein JA zu erhalten, wenn Sie kein Angebot gemacht haben. Es ist ein unwiderlegbares Axiom. Und wenn Sie es geschafft haben, versichere ich Ihnen, dass es kaum eine Aktivität in Ihrem Leben gibt, die Ihnen einen besseren Gewinn/Stunde eingebracht hat als eine gute Verhandlung beim Kauf eines Hauses.

6.- Wie unterbreite ich ein Preisnachlassangebot?

Der Verhandlungsprozess ähnelt möglicherweise dem Prozess der Verabredung mit einem neuen Partner. Obwohl jedes Paar anders ist, gibt es in der Regel einige gemeinsame Phasen, die Sie kennen sollten.

Senden Sie niemals ein Angebot am selben Tag, an dem Sie ein Haus besichtigen. Normalerweise funktioniert es nicht. Warten Sie mindestens einen Tag. Wenn Sie daran interessiert sind, das Haus zu besichtigen, sagen Sie dem Verkäufer, dass Sie etwas rechnen werden und dass Sie ihm in ein paar Tagen ein Angebot schicken werden. Denken Sie daran, dass es sich in diesem Fall um den Wunsch handelt, einen erheblichen Rabatt auf den geforderten Preis zu erhalten. Wenn

Sie mit dem Startpreis einverstanden sind, warten Sie natürlich nicht und schließen Sie die Transaktion so schnell wie möglich ab.

Aber okay, kommen wir zurück zur Wichtigkeit, mindestens einen Tag zu warten. Sie erzeugen eine Erwartung (und offensichtlich eine gewisse Illusion auf der Verkaufsseite). Und Sie Ihrerseits senken Ihre Emotionen und daher wissen wir bereits, dass „Ihr rationales Denken zunimmt, wenn die Emotionen nachlassen" oder dass „das Kissen seine Arbeit machen lässt".

Am nächsten Tag oder ein paar Tage später unterbreiten Sie dem Verkäufer ein günstigeres Angebot mit den oben bereits erläuterten Begründungen. Wenn Sie direkt mit dem Verkäufer verhandeln, versuchen Sie, das Angebot persönlich vorzulegen. Angesicht zu Angesicht. Von Angesicht zu Angesicht haben Sie größere Chancen, dass Ihr Angebot angenommen wird (ja, ich weiß, Sie müssen mutiger sein und es dauert länger. C'est la vie!

Warum? Weil es für Menschen schwieriger ist, einen Vorschlag von Angesicht zu Angesicht abzulehnen. Bringen Sie die auf einem Blatt Papier aufgeschriebenen Gründe mit. Stützen Sie sich auf das Blatt, wenn Sie das Angebot erläutern. Das Blatt ist sehr wichtig. Es gibt einen Grund (oder mehrere), warum Sie dieses finanzielle Angebot machen. Und dieses Argument steht auf dem Papier.

Ich weiß bereits, dass es viel effizienter ist, es nicht persönlich zu tun, und dass es auch mehr Mut erfordert. Wenn Sie Zeit in ein persönliches Gespräch investieren, versichere ich Ihnen, dass es Ihre Chancen erhöht. Wenn Sie das Angebot hingegen dem Handelsvertreter vorlegen, ist es nicht so wichtig, dass das Treffen persönlich stattfindet (obwohl es immer hilft) und bitten Sie vor allem den Handelsvertreter, ihm eine Kopie Ihrer Argumentation zu geben Legen Sie den Preis für die Party fest. Verkäuferin. Es ist wichtig.

Dies liegt in Ihrer Kontrolle. Bis zu diesem Punkt hängt alles von Ihnen ab. Wenn Sie es auf diese Weise tun, haben Sie mehr Möglichkeiten und können nachts ruhig schlafen, weil Sie Ihren Teil gut gemacht haben.

Wenn der Verkäufer das Angebot ablehnt, seien Sie sehr höflich und bedanken Sie sich für die investierte Zeit oder machen Sie einen leichten Gegenvorschlag. Ich sage es leichtfertig, denn wenn Sie den Vorschlag radikal ändern, verlieren Sie jegliche Glaubwürdigkeit Ihrer Argumentation und Sie verlieren alle Optionen in der letzten Phase, die wir weiter unten sehen werden.

7.- Die letzte Kugel mehr als 100 Tage später.

Die letzte Phase findet nach 4–6 Monaten statt. Wenn das Haus am Ende dieser Monate immer noch zum Verkauf steht, wenden Sie sich an den Verkäufer und teilen Sie ihm mit, dass Sie Ihr Angebot fortsetzen möchten: Sie sind bereit, den Betrag leicht zu erhöhen, wenn der Verkäufer bereit ist, seine ursprünglichen Forderungen zu senken.

In 100–180 Tagen können sich die Erwartungen des Verkäufers stark verändert haben. Und wenn das passiert, sind Sie da. Wenn Sie Vertrauen aufgebaut und Ernsthaftigkeit und Fleiß bewiesen haben, haben Sie Optionen. Beachten Sie, dass Sie bei jedem Kontakt mit dem Verkäufer, in den Sie „investieren", Samen hinterlassen, die kurz- oder mittelfristig keimen können. Behalten Sie daher ein tadelloses Verhalten bei. Stets.

Wenn sie dir NEIN sagen, betrachte es nicht als Niederlage. Verstehen Sie, dass NEIN ein Teil des Prozesses ist. Und wie ein Samen, den du gepflanzt hast. Und wenn Sie in Zukunft viele Samen hinterlassen haben, werden höchstwahrscheinlich einige davon keimen können.

Ein letzter wichtiger Hinweis zur Methode.

Ich mag Transparenz und kann diejenigen nicht ausstehen, die Rauch verkaufen. Das Normale ist, dass sie Ihr Angebot nicht annehmen, nachdem sie diesen Prozess durchgeführt und „die Methode" angewendet haben. Klar. Was hast du erwartet? Sie versuchen, ein Haus unter dem Marktpreis zu kaufen. Und das ist nicht einfach.

Daher ist es normal, dass es nicht gut ausgeht. Aber wenn Sie die Methode anwenden, die ich Ihnen beigebracht habe, haben Sie eine viel bessere Chance, zu den „Schnäppchen"-Käufern zu gehören, die in den besten Städten oft für ein Haus unter dem Marktpreis unterschreiben.

Denken Sie daran, dass fast jeden Tag ein Haus in der Gegend, in der Sie kaufen möchten, mit einem guten Preisnachlass verkauft wird. Nehmen Sie den Prozess an, wachsen Sie und lernen Sie daraus. Jeden Tag gibt es ein neues Spiel zu spielen.

Passen Sie auf Ihren Kopf auf. Kümmere dich um diese Neins. Lass dich nicht entmutigen. Jedes NEIN, das Sie erhalten, ist ein Sieg, denn Sie haben den Mut gehabt, ein Kaufangebot abzugeben und etwas Neues gelernt. Betrachten Sie es aus dieser Perspektive.

Denken Sie langfristig und machen Sie einen Plan. Besuchen Sie uns, analysieren Sie, ermitteln Sie die Zahlen und bieten Sie an. Und wieder. Das ist das einzige Geheimnis.

KAPITEL 7 – DER IDEALE MIETER: METHODEN ZUR ERFOLGSSICHERUNG

Die Mieterauswahl ist wahrscheinlich eine der wichtigsten Phasen für Eigentümer, die unsere Häuser mieten.

Abgesehen von den Kopfschmerzen, die ein ungeeigneter Mieter verursachen kann, kann die Verwaltung eines schlechten Mieters zu einem erheblichen Rentabilitätsverlust der Investition führen.

Aus diesen Gründen ist die Mieterauswahl ein Prozess, dem ich die meiste Zeit widme. Ich halte mich strikt an die von mir entwickelte Methode und lege Wert auf eine strukturierte Vorgehensweise. Diese Methodik hat sich durch meine Erfahrungen mit verschiedenen Mietern, einschließlich Fällen, in denen Fehler gemacht wurden, weiterentwickelt.

Ich kann Ihnen schon jetzt sagen, dass es sich nicht um eine unfehlbare Methode handelt, sondern auch um eine Methode, die sicherlich verbessert werden kann. In meinem Fall funktioniert es jedoch gut, da ich glaube, dass das Verhältnis von investierter Zeit zur Wirksamkeit recht hoch ist.

Natürlich könnte es immer noch zu Verbesserungen kommen, wenn man mehr Zeit investiert, aber insgesamt wird es sich wahrscheinlich nicht auszahlen. Beginnen wir mit einigen Grundprinzipien, die unseren Kopf in Ordnung bringen, bevor wir die Methode im Detail kennen.

Grundprinzipien bei der Auswahl Ihrer Mieter.

- Eine leere Wohnung ist besser als eine schlecht bewohnte. Das heißt, Sie möchten diesen Prozess nicht überstürzen. Es passiert das Gleiche wie bei einem Stellenangebot, es ist besser, es leer zu haben, als es schnell mit einem falschen Profil zu besetzen.

- Die Methode ist effektiv, unabhängig davon, ob Sie eine Agentur mit der Vermietung des Hauses beauftragen oder ob Sie den Mietvorgang direkt abwickeln. Wenn Sie dies über eine Agentur erledigen, müssen Sie sich auf die letzten Schritte einlassen.

- Wenn Sie eine Auswahl von Personen treffen, können Sie Fehler machen. Das Einzige, was wir mit dieser Methode beabsichtigen, ist, Ihre Fehlerwahrscheinlichkeit exponentiell zu reduzieren.

- Die Methode funktioniert sowohl für günstige Häuser als auch für teure Häuser mit geringerer Nachfrage. Der einzige Unterschied besteht darin, dass Sie in Häusern mit geringerer Nachfrage einen etwas längeren Prozess benötigen, um die endgültige Kompetenz zu erlangen (ein entscheidender Schritt, damit Ihr emotionaler Verstand Ihren rationalen Verstand nicht mit dem Glauben täuscht, dass ein Kandidat einfach deshalb gut ist, weil er es ist das einzige).

- Wie bei jeder Methode werden Sie es mit Übung verinnerlichen.

- Da die Verantwortung bei Ihnen liegt, können Sie sie gerne an Ihre Umstände anpassen (achten Sie darauf, was Sie vereinfachen).

- Mein „perfekter Mieter" ist jemand, der einen langen Zeithorizont hat und sich um die Wohnung kümmert, weil er viele Jahre darin wohnen möchte. Vielleicht ist es für Sie ein anderes Profil. Vielleicht suchen Sie jemanden, der Ihnen kurzfristig das größtmögliche Geld auszahlen kann und nicht davor zurückschreckt, Ihnen eine Kaution für sechs Monate zu hinterlassen? In meinem Fall bevorzuge ich es, etwas weniger einzutreten, dafür aber jemanden zu haben, der das Gefühl hat, dass die Wohnung ihm gehört. Sie können die Methode an die Prioritäten anpassen, die Sie bei Ihrem „perfekten Mieter" suchen.

- Und schließlich sollten Sie bedenken, dass es bei der Verwaltung von Mietwohnungen keine wichtigere Phase gibt als die Auswahl eines Mieters. Eine schlechte Wahl in dieser Hinsicht bedeutet Monate oder Jahre vermeidbarer Probleme.

Die 5-Schritte-Methode, mit der ich den „bestmöglichen Mieter" finde.

1-. Erhalten Sie hochwertige BESICHTIGUNGEN auf Immobilienportalen: Laden Sie die Anzeige auf Online-Portale mit einem Rabatt von ca. 3-5 % im Vergleich zu einem wettbewerbsfähigen Marktpreis hoch.

Die erste Phase hat ein klares Ziel: potenzielle Interessenten möglichst hochwertig für die Wohnung zu gewinnen, damit diese in die nächste Phase der Vorstellungsgespräche übergehen können.

Beim Hochladen der Anzeige gebe ich klar an, zu welchen Zeiten sie anrufen können, damit meine berufliche Tätigkeit dadurch nicht beeinträchtigt wird; Einige Interessenten halten sich übrigens nicht daran.

Ich lade die Anzeige mit einem Rabatt von 3-5 % gegenüber dem Marktwert hoch (der Preis muss angepasst werden, um mehr Nachfrage zu generieren), in die Anzeige füge ich so viele Informationen wie möglich ein und gebe die relevantesten und kritischsten Informationen an: die Monate der Anzahlung und der Tatsache, dass ich zahlungsfähige Mieter suche. In diesem Schritt sollten Sie auch klar angeben, ob Sie als Eigentümer Haustiere zulassen oder nicht.

Ein echter Kandidat, der wirklich an der Wohnung interessiert ist, wird nicht zögern, zum angegebenen Zeitplan anzurufen. Selbstverständlich versuche ich, breite Streifen anzubringen, und ich erhöhe den Saal immer an einem Samstag, da die Anrufe in den ersten beiden Tagen konzentriert sind. Auf diese Weise fange ich bereits am ersten Wochenende an, die nächste Phase durchzufiltern, die ich unten erkläre.

2-. Erhalten Sie die ersten Anrufe, die den in der Anzeige aufgeführten Anforderungen entsprechen, und beginnen Sie mit der Filterung.

Das erste Telefonat ist sehr wichtig, da viele Informationen gewonnen werden können. Als Erstes höre ich mir die Fragen an, die der potenzielle Mieter stellt, um zu verstehen, was er an der Anzeige nicht richtig verstanden hat.

Normalerweise fragen viele Leute nach Dingen, die sie bereits gesehen haben, nur damit Sie ihnen etwas mehr Informationen darüber geben können. Wenn die erste Frage, die Ihnen ein potenzieller Mieter stellt, auf jeden Fall darin besteht, ob es möglich ist, die zwei oder drei Monate, die ich als Kaution oder Kaution verlange, zu reduzieren, oder ob es möglich ist, die Miete der Wohnung zu reduzieren, können Sie dies tun beginnen bereits bestimmte Prioritäten oder Schwierigkeiten des potenziellen Mieters zu ahnen. Wenn der Mieter mit der Präsentation seiner Fragen fertig ist, können zwei Dinge passieren:

- Erstens haben Sie es aufgrund der von Ihnen gestellten Fragen bereits ausgeschlossen. Vor allem, wenn sich viele der Fragen auf die Anzahlung oder den Preis bezogen. In diesem Fall bedanke ich mich bei ihm oder ihr und sage ihm, dass die Besuche nächstes Wochenende beginnen (falls das der Fall ist) und dass ich, wenn ich an einem Besuch von ihm oder ihr interessiert bin, unter derselben Telefonnummer antworten würde, unter der ich anrufe Mich.
- In. Für den Fall, dass das Gespräch normal verlaufen ist und es den Anschein hat, dass echtes Interesse besteht und es sich nicht von selbst abgetan hat, beginne ich mit meiner Batterie

offener Fragen (offene Fragen geben uns immer einen weiten Wissenshorizont über die andere Person).).

Liste der Fragen, die Sie beim ersten Telefonat stellen sollten

- Warum möchten Sie in dieser Wohnung wohnen?
- Warum in diesem Stadtteil?
- Wo haben Sie bisher gelebt und aus welchen Gründen möchten Sie wechseln?
- Wie viel Prozent Ihres Einkommens werden Sie für die Miete aufwenden?

Die letzte Frage während des Telefoninterviews lautet immer: Sofern der Kandidat sich nicht zuvor disqualifiziert hat:

- Wie lange glauben Sie, dass Sie in dieser Wohnung leben werden?

Geben Sie bei dieser letzten Frage natürlich nicht im Vorhinein an, dass Sie an langfristigen Mietern interessiert sind. Die Frage sollte offen sein und so, als ob sie keine große Bedeutung hätte. Wenn der potenzielle Mieter entspannt ist (versuchen Sie, ein freundliches und vertrautes „Telefonklima" zu schaffen), wird er Ihnen eher ehrlich antworten.

Diese letzte Frage sagt uns zusammen mit Ihrer persönlichen Situation viel über die Chancen, dass Sie langfristiger Mieter oder Durchreisender sind.

In unserem Fall suchen wir nach sehr langfristigen Mietobjekten. Tatsächlich bevorzugen wir sie, auch wenn das bedeutet, dass wir den Mietpreis des Hauses etwas senken müssen.

Wir denken gerne, dass der Mieter in manchen Wohnungen denkt, dass er sein Zuhause nicht verlassen kann, weil es für ihn schwierig wäre, eine Wohnung mit diesem guten Preis-Leistungs-Verhältnis zu finden. Dies (zusammen mit der Schaffung einer größeren Nachfrage) ist der Grund für eine leichte Senkung des Mietpreises um einige

Prozentpunkte.

Ich weiß, dass einige von Ihnen vielleicht denken, ich verschenke etwas Geld. Könnte sein. Derzeit schätze ich meine Zeit auf Stundenbasis sehr und investiere sie lieber in Aktivitäten, die mir am Herzen liegen, wie zum Beispiel Zeit mit meiner Familie zu verbringen, zu reisen oder sie meinem Hauptberuf zu widmen. Und ich weiß, dass meine Verwaltungszeit radikal sinkt, wenn ich einen Mieter auswählen kann. Was bevorzugen Sie? Sollten Sie derjenige sein, der den Mieter auswählt, oder soll der Mieter Sie auswählen, weil Sie keine anderen Alternativen haben?

Sie müssen mit den Wahrscheinlichkeiten spielen, um diejenigen Variablen zu erhöhen/verringern, die Sie maximieren/minimieren möchten: Aufenthaltsdauer, Risiko der Nichtzahlung, Wohnungspflege, Vorfallmanagement, Mietpreis ...

Wenn Sie alle Filter in Form von Fragen durchlaufen haben (in diesem Fall habe ich etwa zehn Minuten investiert), vereinbaren wir einen Termin zur Besichtigung des Hauses (oder wenn es noch nicht verfügbar ist – was normalerweise passiert, weil ich das Haus vermiete). zwei oder drei Wochen bevor der andere Mieter abreist – wir vereinbaren, eine Woche vor der Besichtigung des Hauses zu schließen). Ich habe seine Informationen gespeichert und ihm einen Tag zuvor eine Nachricht geschickt, um ihn an den geplanten Besuch zu erinnern. Manchmal ist es unglaublich, wie Leute Termine nicht einhalten und es ihnen nicht einmal mitteilen.

3-. Der erste Besuch der Wohnung potenziell interessanter Mieter.

Wenn die Anzeige gut gemacht ist (gute Fotos und viele beschreibende Informationen) und die darin enthaltenen Informationen vollständig sind (normalerweise in der Hälfte oder mehr der Fälle), wird der potenzielle Mieter nach dem ersten Besuch das Haus mieten wollen. Die gleiche „saubere" oder „schmutzige" Küche verleiht dem Zuhause ein völlig anderes Aussehen. Vergessen Sie nicht, sich um diesen Teil zu kümmern.

In diesem Moment werden wir Ihnen auf beruflicher Ebene einige wichtige Fragen stellen, um Sie viel besser kennenzulernen. Wir müssen insbesondere die Höhe und Sicherheit Ihres Einkommens, die Art des Unternehmens, für das Sie arbeiten, und das Datum Ihres Dienstalters kennen. Wir werden noch keine Gehaltsabrechnung verlangen. Aber in der wirtschaftlichen Frage werden viele aus offensichtlichen Gründen scheitern.

Wenn ich deutlich sehe, dass das Einkommen nicht ausreicht, erkläre ich es ihnen mit dem Argument, dass es andere Kandidaten gibt, die eine größere Sicherheit bei der Zahlung der Miete haben. Für den Fall, dass die von Ihnen bereitgestellten Informationen passen und die Miethöhe 30-35 % des Gesamteinkommens der Mieter nicht übersteigt, können wir mit der nächsten Phase fortfahren.

Wir teilen Ihnen mit, dass es bereits mehrere Interessenten für die Wohnung gibt (solange es stimmt, versteht sich von selbst), fragen nach Ihrem vollständigen Vor- und Nachnamen und geben dies auch in den nächsten Tagen (in der Regel am darauffolgenden Wochenende) bekannt) erfolgt die endgültige Auswahl des Mieters und wir haben Ihnen bereits einen Tag und eine Uhrzeit zugewiesen, damit Sie planen und einen Termin im Kopf haben können.

In der Zwischenzeit werde ich Informationen über den potenziellen Mieter einholen. Vor allem auf LinkedIn und Twitter, wo normalerweise die meisten professionellen Informationen zu finden sind. Natürlich gibt es Profile, in denen keine Informationen zu finden sind, in anderen hingegen finden sich sehr wertvolle Informationen.

Es ist sehr wichtig, potenzielle Mieter aus keinem Grund zu diskriminieren. Aber denken Sie daran: Je mehr Informationen Sie als Eigentümer haben, desto bessere Entscheidungen können Sie treffen.

4 und 5-. Zweiter Besuch und endgültige Auswahl. Abschlussgespräch in der Wohnung, die Sie mieten möchten.

Bei den zweiten Besuchen im Haus erhalte ich gerne mindestens fünf

Besuche, die sehr interessiert sind und wirklich mit der Vermietung vorankommen wollen. Dieser zweite Besuch ist ein Besuch, den viele von Ihnen für nicht notwendig halten werden, aber für mich ist er der wichtigste.

Erstens: Indem wir zu einem Zeitpunkt anrufen, zu dem früher oder später mehr sehr interessierte Besucher kommen, versetzen wir den Mieter in den Geisteszustand, etwas zu wollen, das stark nachgefragt wird. Nachdem ich ihnen mitgeteilt habe, dass es mehrere Finalisten gibt, gebe ich Folgendes bekannt: „Heute sehe ich nur Kandidaten." „Die endgültige Entscheidung werde ich in den nächsten fünf Tagen treffen."

Wenn ich diesen Satz ausspreche, erreiche ich mehrere Ziele. Erstens setze ich die Erwartung voraus, dass heute keine Entscheidung getroffen wird. Also reduziere ich die Spannung.

Und das Zweite und Wichtigste ist, dass ich fünf Tage Zeit habe, um den Vertrag mit meinem Wunschkandidaten auszuhandeln, und wenn er aus irgendeinem Grund ausfällt, kann ich mit meinem zweiten Wunschkandidaten weitermachen, ohne dass er als „der zweite Kurs" betrachtet wird.

Darüber hinaus habe ich in der Regel fünf Tage Zeit, um den Vertrag zu unterzeichnen (oder mehr als nur ein Wort zu hinterlassen), sodass ich den interessierten Interviewpartnern bei der Antwort mitteilen kann, dass die Wohnung letztendlich an einen anderen Mieter vergeben wurde, und sie ihnen überlassen kann bestimmte Gründe. Grundlagen des Grundes für meine Wahl.

Für die endgültige Verhandlung ist es von entscheidender Bedeutung, ein Szenario zu schaffen, in dem der Kandidat versteht, dass er nicht der einzige Konkurrent ist und dass es mehrere andere gibt. Auf diese Weise können Sie bei der Festlegung der Vertragsdetails immer mit viel mehr Nachdruck über „vernünftige Dinge" verhandeln.

Bei diesem Termin setzen wir uns, wenn das Haus möbliert ist, auf das Sofa (wenn nicht, führen wir das Gespräch im Stehen) und grundsätzlich gebe ich nach einer kurzen Vorstellung bekannt, dass ich ein Problem habe und Ihre Hilfe benötige.

Mein Problem ist folgendes:

Es gibt fünf potenzielle Mieter, die das Haus wollen und ich mag sie alle: Könnten Sie mir bei der Entscheidung helfen? Warum sollte ich dich (oder dich) wählen? Es ist eine sehr schwierige Frage. Sehr offen. Viele Mieter bleiben am Anfang stehen. Aber ich versichere Ihnen, dass Sie den Antworten der Kandidaten vieles entnehmen können.

In dieser letzten Phase besteht mein Hauptziel darin, die „Werte" oder Verhaltensmerkmale der Person zu verstehen, die in einem unserer Häuser leben wird. Nachdem Sie mir Ihre Gründe mitgeteilt haben, warum ich eine Vermietung an Sie in Betracht ziehen sollte, besteht mein nächster Schritt darin, Ihre bisherigen Erfahrungen mit herausfordernden Situationen zu untersuchen.

Ich erlaube ihnen, Beispiele für Probleme oder Streitpunkte mit dem Vorbesitzer zu teilen und zu erklären, wie sie diese gelöst haben. Mir ist bewusst, dass es einem Vorstellungsgespräch ähnelt, aber ähnlich wie bei der Personalbeschaffung verstehen wir, dass die Auswahl von Personen eine Herausforderung sein kann. Und deshalb helfen uns eine klare Methodik und ein klares Fragenskript dabei, bessere Ergebnisse zu erzielen und viel besser auszuwählen.

Abschließend sprechen wir über zukünftige Probleme. Ich erzähle ihm Dinge, die (wahrscheinlich) passieren werden und frage ihn, wer sich um diese Probleme kümmern muss.

Die erste Frage lautet immer: Ist es notwendig?   durchführen Wartung der Klimaanlage? Die Antwort des Mieters lautet in der Regel „Ja". Die nächste Frage ist: Wie oft muss es gemacht werden? Hier kann das Fest der unterschiedlichen Antworten beginnen.

Und die letzte Frage lautet: Wer soll die Wartung der Klimaanlage bezahlen? Hier kennen viele das Gesetz nicht. Offensichtlich ist es der Mieter (Wartungsarbeiten sind immer Sache des Mieters; Reparaturen sind immer Sache des Eigentümers, es sei denn, es liegt eine missbräuchliche Nutzung durch den Mieter vor). Nur weil sie eine falsche Antwort geben, heißt das nicht, dass sie das Haus nicht vermieten. Gar nicht. Ich möchte nur verstehen, wie er auf Fragen reagiert, die unangenehm und nicht leicht zu beantworten sind.

Über die Klimaanlage schreibe ich übrigens immer per Vertrag. So gibt es weder Zweifel noch Überraschungen. Ebenso wie die Abfallkosten, für die der Mieter aufkommen muss. All diese „kleinen Probleme", die Sie vorhersehen können und auf die es eine ganz klare Antwort gibt, sollten Sie besser „wörtlich" in den Vertrag schreiben. Sie ersparen sich unnötige Diskussionen. Es ist das Beste für die Beziehung.

Was ist, wenn es sich um junge Mieter handelt, die neu sind und noch keine Erfahrung in der Vermietung haben? Dort sind die Werte noch entscheidender. Es ist normal, dass man als Erstmieter nicht viel darüber weiß, wie das Mieter-Vermieter-Verhältnis funktioniert. In diesen Fällen konzentriere ich das Gespräch sogar mehr auf die Zukunft. Ich „erfinde" auch zukünftige Probleme, um zu verstehen, wie sie in verschiedenen Situationen reagieren können.

Eine der letzten Fragen (sofern es sich nicht um unerfahrene Mieter handelt) lautet immer: Könnten Sie mir die Telefonnummer der letzten Eigentümer Ihrer bisherigen Mietwohnungen mitteilen, damit ich Referenzen anfordern kann? Die Antworten, die ich auf diese Frage erhalten habe, haben so viel Spaß gemacht!

Zusätzliche Überlegungen zu Abschlussgesprächen.

Bei den letzten Besuchen/Interviews bin ich immer mit jemandem zusammen, damit ich meine Meinungen austauschen kann. Nach dem Vorstellungsgespräch mit jedem potenziellen Kandidaten frage ich immer das Familienmitglied oder den Freund, der mich während des Vorstellungsgesprächs begleitet, nach seiner Meinung. Wir tauschen unsere Meinungen aus, wenn wir zwischen den Besuchen Zeit haben.

Am Ende eines jeden Vorstellungsgesprächs hilft es mir am meisten, begleitet zu werden. Ich bitte mein Familienmitglied/Freund, mir ihre

Liste der bevorzugten Kandidaten zu geben, bevor ich ihr meine Liste gebe. Und ich frage ihn immer nach den Hauptgründen für seine Wahl. Und dieser ganze Prozess liefert mir weiterhin viel mehr Informationen.

Letztendlich bin ich bereit, eine möglichst fundierte Entscheidung zu treffen, wenn man die Faktoren bedenkt, die bis zu diesem Zeitpunkt unter meiner Kontrolle standen. Wenn ich diese Arbeit getan habe, bin ich ruhig, denn was von mir abhing, habe ich bereits getan. Die Eingabe ist bereits vorhanden. Jetzt müssen wir sicherstellen, dass der Output bei uns ist und dass der Mieter, den wir auswählen, wirklich „ein guter Mieter" ist.

Wir haben unseren Job gemacht, und das ist das Wichtigste.

Wenn Sie langfristig vermieten und Ihre Immobilien erweitern, wird die Zeit zeigen, dass die „Methode" richtig ist. Sie werden sehen, dass das Leben eines Eigentümers durch die Befolgung der Methode viel besser wird. Viel ruhiger und mit viel weniger Zwischenfällen, die Sie wach halten könnten.

Dies ist eine dieser Zeitinvestitionen, die eine große Rendite bringt. Am Anfang etwas mehr Zeit zu investieren, kann drei, fünf, sieben, zehn ... Jahre „Seelenfrieden" bedeuten. Einige zusätzliche Aspekte, die mir helfen, potenzielle Mieter auszuschließen:

- Wenn er mit Lügen anfängt, und seien es noch so kleine, schließe ich den Kandidaten ohne nachzudenken aus.
- Wenn Sie über einen sehr relevanten Aspekt sehr hart verhandeln möchten, schließe ich dies normalerweise aus, insbesondere wenn Sie sehr aggressiv verhandeln.
- Wenn Ihre Vorgeschichte nicht stimmig ist oder Sie mir erklären, dass Sie große Probleme mit den Vorbesitzern hatten, schließe ich das ebenfalls aus (es scheint eine Lüge zu sein, aber es gibt potenzielle Mieter, die Ihnen erklären, dass die Vorbesitzer Probleme hatten). despotisch).

Abschließende Anmerkungen/Details zur Methode:

1. Bei der Anmietung von Wohnungen im niedrigen Preissegment (normalerweise unter 700 oder 800 Dollar) besteht eine große Nachfrage. Sie haben bereits festgestellt, dass der Schlüssel der Methode darin besteht, großes Interesse am Markt zu wecken, um eine große Nachfrage zu erzeugen.

2. Es liegt an Ihnen, ob Sie sich die Mieterlisten (ASNEF-Listen) ansehen möchten oder nicht, abhängig von der Art des Mieters, an den Sie vermieten.

3. Wenn Sie frühere Mieter um Referenzen bitten, versuchen Sie, alle Referenzen einzuholen, wenn der Mieter in mehreren Häusern gewohnt hat. In meinem Fall rufe ich normalerweise nicht an. Der Filter ist normalerweise die Antwort auf Ihre Anfrage (wenn es viele Ausreden gibt, ist das ein schlechtes Zeichen).

4. Manchmal kann es vorkommen, dass Sie einen perfekten Kandidaten haben, der sich an der unteren Einkommensgrenze befindet. Gelegentlich war ich dem Kandidaten gegenüber transparent und habe ihm gesagt, dass er die Miete um 5 % erhöhen müsste, um die Nichtzahlungsversicherung bezahlen zu können. Auf diese Weise kann ein großer Kandidat „für Werte" das Spiel gegen einen wirtschaftlich viel besseren Kandidaten gewinnen, der aber a priori „schlechtere Werte" hat.

5. Die Fotos und die Beschreibung des Hauses müssen einwandfrei sein (Sie können für einen relativ geringen Preis – weniger als 250 $) in professionelle Fotos investieren.

6. Nutzen Sie mehr als ein Online-Immobilienportal und Sie werden trotzdem eine zusätzliche Nachfrage haben.

7. Eine zusätzliche Nachfrage (Sie können Ihre Anzeige durch Bezahlung besser positionieren) auf Immobilienportalen zu bezahlen, wenn Ihre Wohnung nicht zum korrekten Marktpreis

angeboten wird, ist kontraproduktiv (Sie verbrennen sie). Wenn der Preis stimmt, können Sie natürlich noch mehr potenzielle Mieter gewinnen.

8. Bei direkter Anmietung ohne Agentur fällt für den Mieter eine Provision weniger an. Dies kann Ihnen auch dabei helfen, etwas mehr Nachfrage zu erzeugen. Markieren Sie es in der Anzeige.

9. Seien Sie bei Vorstellungsgesprächen mit Kandidaten nicht wie viele andere Unternehmen. Informieren Sie alle Kandidaten immer darüber, dass Sie mit dem Prozess nicht weiterkommen. Seien Sie höflich und transparent (Sie helfen dem Kandidaten).

10. Selbstverständlich übergebe ich am Tag der Unterzeichnung die Schlüssel erst, wenn ich einen Nachweis über die erfolgte Überweisung mit den Monaten der Einzahlung und dem ersten Monat habe (normalerweise machen wir das „live", mit dem Handy).

11. Wenn Sie gut planen, können Sie eine Wohnung in weniger als ein bis zwei Wochen mieten, auch wenn der Vormieter die Wohnung ohne Vorankündigung verlassen hat.

„Der perfekte Mieter"?

Letztendlich ist es wichtig zu verstehen, dass die Methode offensichtlich nicht unfehlbar ist. Wenn der Mieter einen Fehler macht, können wir uns, nachdem wir zuvor gute Arbeit geleistet haben, zumindest sagen, dass wir unseren Teil getan haben. Wir werden uns wie immer darauf konzentrieren, das, was von uns abhängt, so gut wie möglich zu tun.

Und dann? Das neue Leben als Vermieter, wenn man einen guten Mieter hat.

Manchmal bekomme ich eine Nachricht von einem der Mieter. Ich sehe die Benachrichtigung auf dem Bildschirm und bin äußerst faul, sie zu öffnen. Wenn Ihnen ein Mieter eine WhatsApp schickt, geschieht dies (fast) nie, um Ihnen zum Geburtstag zu gratulieren. Im Allgemeinen dient es dazu, Sie über einen der folgenden Vorfälle zu informieren:

- Der Nachbar oben macht viel Lärm. Kannst du ihm etwas sagen?
- Die Heizung ist kaputt (können Sie sich vorstellen, dass am selben Tag zwei Heizungen in zwei unserer verschiedenen Häuser kaputt gegangen sind?)
- Meiner Mutter geht es nicht gut und ich möchte die Wohnung vor Ablauf der Mindestzeit verlassen.
- Ich möchte einen längeren Schlauch an der Dusche anbringen, damit ich im Sitzen duschen kann.

Bei all dem handelt es sich um reale Fälle.

An diesen Punkten gibt es meiner Meinung nach zwei Punkte, die ich anmerken muss: Der erste ist, dass ich in 95 % der Fälle die Wohnung nie besuchen werde; Ich vermeide es. Meine Zeit ist viel mehr wert. Und deshalb denke ich bei der Auswahl der Mieter darüber nach, wie sie die Probleme selbst lösen. Wenn ich an der Reihe bin zu zahlen, zahle ich natürlich. Und ich habe die Telefonnummern von Referenzspezialisten, die ich schnell senden kann.

Sogar das ältere Paar überzeugte mich davon, dass ihre Tochter da war, um ihnen zu helfen. Und wenn es ein Problem gibt, spreche ich mit ihrer Tochter, sie ist nett und zwischen den beiden Parteien lösen wir alles schnell.

Der zweite entscheidende Aspekt ist, dass ich mich stets darum bemühe, die Dinge aus der Perspektive des Mieters zu sehen. Deshalb versuche ich, das Problem (durch andere) so schnell wie möglich zu lösen.

Bedenken Sie, dass der Besitz und die Miete einer Wohnung heute leichter zu bewältigen ist als die Herausforderungen der Neunzigerjahre. Weißt du, warum? Aufgrund der technologischen Tools, die wir jetzt haben: WhatsApp, Marktplatz für Online-Profis, Mobile Banking, Online-Portale.

Vergessen Sie nicht, dass Sie am Ende des Tages bereits spüren können, dass der einzige Weg, den „perfekten Mieter" zu finden, darin besteht, niemals aufzugeben, um ein „perfekter Eigentümer" zu werden. Wenn Sie nicht geben, warum sollte die andere Partei es dann tun? Bemühen Sie sich, jeden Tag ein besserer Eigentümer zu sein, und mit der Zeit werden Sie bessere Mieter anziehen.

An dieser Stelle des Buches können Sie bereits erahnen, dass ich eine Leidenschaft für Immobilieninvestitionen in Mietwohnungen habe, aber auch für andere Arten von Investitionen, über die wir bereits in meinem anderen Buch gesprochen haben. Und ich bin begeistert davon, denn ein großer Teil des Endergebnisses, der erzielten Rentabilität, hängt von der Verwaltung ab, die wir als Anleger betreiben.

ABSCHLIEßENDE ÜBERLEGUNG

Sie müssen nicht alle Strategien und Methoden, die ich Ihnen erzählt habe, buchstäblich glauben. Letztendlich hat das bei mir funktioniert. Nehmen Sie die notwendigen Anpassungen vor, da diese Strategien und Methoden nicht perfekt sind und verschiedene Ansätze in der Vergangenheit möglicherweise funktioniert und zu guten Ergebnissen geführt haben.

Auf jeden Fall ist die langfristige Vision in meiner Anlagestrategie nahezu unbestritten, sei es als Immobilieninvestment oder als Investition in feste und variable Erträge über Investmentfonds und ETFs, wie wir in „Finanzielle Freiheit" gesehen haben. Wir müssen verstehen, dass nichts an einem Tag gebaut wird, aber die Wirkung des Zinseszinses, sowohl an der Börse als auch bei Immobilieninvestitionen, ist unaufhaltsam.

Sich zu beeilen und sich von Emotionen leiten zu lassen, führt normalerweise nicht zum langfristigen Erfolg. Es gibt verschiedene Möglichkeiten, mit der Investition in Immobilien Geld zu verdienen. Der Kauf von Häusern zur Miete ist ohne Zweifel mein Favorit. Obwohl es nicht das einzige ist. Günstig kaufen, gut renovieren und dann verkaufen kann auch funktionieren. Obwohl es sich um eine andere Art von Investition handelt.

Und Sie wissen bereits, dass Sie nicht in allem „gut" sein können. Es ist unmöglich, Gold über 100 Meter und gleichzeitig über die Meile zu gewinnen.

Denken Sie daran, dass Sie mit niemandem im Wettbewerb stehen. Dein einziger Wettbewerb ist mit dir selbst. Seien Sie nicht zu hart zu sich selbst. Du bist einzigartig und unersetzlich. Akzeptieren Sie Ihre Einzigartigkeit und denken Sie daran, Ihre Zeit zu genießen.

Wissen über Immobilieninvestitionen und -handeln müssen Hand in Hand gehen. **Beginnen Sie noch heute und lernen Sie, wie Sie durch langfristige Investitionen in Mietobjekte finanzielle Freiheit erlangen.**

Wenn Ihnen das Buch gefallen hat, empfehle ich Ihnen zur Ergänzung Ihres passiven Einkommens auch „Financial Freedom: Anlageleitfaden, um Schritt für Schritt mit Indexfonds, ETFs und Immobilien reich zu werden". Diese Anlageformen haben meiner Familie und mir die Erlangung finanzieller Freiheit ermöglicht und können der Weg zu unserer eigenen sein.

Wenn Ihnen das Buch gefallen hat, teilen Sie uns bitte Ihre Erfahrungen mit, indem Sie einen Kommentar auf Amazon hinterlassen. Ihre Meinung ist entscheidend! Wenn es Ihnen gefallen hat und Sie es vor allem nützlich fanden, tragen Sie dazu bei, es sichtbarer zu machen, damit mehr Menschen von diesen Ideen profitieren können. Ich ermutige Sie auch, einen Kommentar zu schreiben, wenn es Ihnen nicht gefällt, damit andere keine Zeit verschwenden und ich das Buch für zukünftige Ausgaben verbessern werde.

Vielen Dank, dass Sie Teil dieses Projekts sind!

Bis zum nächsten Mal!

Immobilien Investieren. Teil der Leitfäden für Passives Einkommen. Alexander S.

Datum der 1. Auflage: Dezember 2023

www.ingramcontent.com/pod-product-compliance
Lightning Source LLC
Chambersburg PA
CBHW020535290526
45786CB00002B/890